이천
도자
이야기

이 책은 이천시청의 도자기문화진흥사업에 의해
제작 지원을 받았습니다.

『이천 도자 이야기』는 이천시청이 대중들에게 이천 도자기에 대한 이해도를 높이기 위해 제작을
지원했으나 이 책에 나오는 일부 역사 문제에서는 저자와 의견이 다를 수 있음을 알려드립니다.

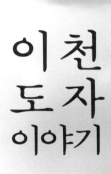

이천 도자 이야기

유네스코 세계 공예 도시
이천 도자의 어제와 오늘

조용준 지음

CHAPTER 3
이천 도자의 중흥과 2세대 명장들

백옥같이 갓맑은 살결의 감촉을 평생 칭송하리라

중국 송나라 때 학자 태평노인太平老人이 쓴 책 『수중금袖中錦』의 '천하제일'이라는 항목에는 '국자감 책, 내온서 술, 단계 벼루, 휘주 먹, 낙양 꽃, 건주 차, 고려 비색은 모두 천하제일이다監書 內酒 端硯 徽墨 洛陽花 建州茶 高麗秘色 階位天下第一也'라는 구절이 나온다. 다른 곳에서는 따라 하고자 해도 도저히 할 수 없는 것들이라 했다. 송나라 때부터 이미 중국 지식인 사회에서는 고려청자를 천하의 명물로 꼽고 있었음을 알 수 있는 대목이다.

영국의 저명한 미술사가 윌리엄 허니William Bowyer Honey, 1889~1956가 그의 논문에서 청자를 일컬어 '일찍이 인류가 만들어낸 도자기 중에서 최고로 아름답다'고 찬사를 하지 않았어도, 청자는 의심할 여지없이 최고의 문화유산으로 손꼽힐 수밖에 없는 명품이다.

어디 청자만 그러하랴. 조선백자 또한 청자와 같은 최고의 반열에 올려놓는 데 주저함이 있을 수 없다. 그리하여 최순우崔淳雨, 1916~1984는 『무량수전 배흘림기둥에 기대서서』에서 백자를 다음처럼 칭송했다.

해강도자자료실에 소장되어 있는 청자들. 유광열 作

'흰빛으로 빚어진 어수룩하게 둥근 뭇 항아리의 군상들, 그리고 선의와
치기가 깃들인 지지리 못생겨 이지러진 그릇들, 때때로 목화송이같이
따스하고 때로는 백옥같이 갓맑은 살결의 감촉. 조선시대 백자의 흰빛
은 그 아름다움에 참으로 변화가 많다. 우리의 미술 중에서 무엇이 가장
한국적이냐 할 때 나는 서슴지 않고 조선시대 백자를 들고 싶다.'

우리는 도자기를 이야기할 때마다 고려청자와 조선백자를 말한다. 이 둘
은 마치 우리가 단 하루도 빼먹지 않고 먹고 있는 밥이나 김치와 같다. 그러
나 사실 우리는 고려청자와 조선백자를 잘 모른다. 전문가를 제외한 대다수
가 그러할 것이다. 대부분 사람들이 알고 있는 고려청자와 조선백자는 그저
어디서 주워들어 기억 속에서 존재하는 일반대명사로서의 청자와 백자다.

한국도자재단 도자지원센터에서 소장하고 있는 경기도 도예가들의 도자기들

한번 자문해보라. 청자와 백자를 얼마나 알고 있는가. 청자와 백자의 미감에 대해 과연 몇 자나 기술할 수 있는가.

사실 우리는 청자와 백자의 역사에 대해서도 잘 모른다. 그저 알고 있는 지식이라고는 '세계 최고의 도자기였다'라는 사실 정도다. 청자와 백자의 위대한 시기는 '였다'라는 과거형으로만 존재한다. 우리의 인식 속에서도 그렇다.

우리의 역사 교과서나 미술 수업은 청자와 백자가 우리의 고달픈 역사 속에서 어떻게 번성했고, 일제강점기를 통해 어떻게 쇠망해갔으며, 그것이 어떤 힘겨운 노력 덕택으로 겨우겨우 부활했는지 가르치지 않는다. 입만 열면 '청자와 백자가 세계 최고'라고 침을 튀기며 자랑하면서 말이다.

학교와 교과서가 가르치지 않는 것에는 분청사기粉靑沙器도 있다. 분청사기란 분장회청사기粉粧灰青沙器의 줄인 말로 고려 말에서 임진왜란 30~40년 전까지1392~1592년 무렵 만들어진 도자기다. 분청사기의 흙은 고려청자와 같은 일반 점토질이다. 철분이 섞여 거칠어진 겉면을 하얀 분백토으로 분장했다고 해서 분청사기로 불린다.

형태와 장식 면에서 청자와 백자가 귀족적이라면, 분청은 소박하고 서민적인 해학이 물씬 느껴진다. 문양은 크게 과장되었으나 규범에 구애받지 않은 즉흥적 표현이 보는 사람에게 천진난만한 자유를 선사한다. 마치 장자莊子가 말하는 거대한 새 '붕鵬'이 창공에서 훨훨 날아다니는 듯 아스라하고 힘찬 날갯짓과 같다.

이런 분청에 대해 영국의 세계적인 도예가 버나드 리치Bernard Howell Leach, 1887~1979는 "속물적 근성이 없는 자연스러움의 극치"라고 찬양하면서 "현대 도예가 나아갈 길은 조선의 분청사기가 이미 다 제시한 바, 그것을 목표로 해서 나아가야 한다"고 그 가치를 평가했다. 오히려 외국인이 먼저 진가를 알아보는 분청에 대해 우리는 얼마나 알고 있는가.

그런데 더더욱 고개를 못 들 정도로 창피한 일은 고려 이후 맥이 끊어졌다가 일제강점기 때 일제의 수탈과 압살정책으로 또 다시 우리 곁을 떠나간 청자가 어떤 과정을 거쳐 부활했는지 정확하고 자세하게 기술한 책이 한 권도 없다는 사실이다. 옛날의 청자가 어떻고, 청자 가마터가 어떻고 하는 책들은 있으나 현대의 청자와 그 복원 작업에 대한 책은 지극히 드물다.

전통 청자 재현의 선구자인 해강海剛 유근형柳根瀅, 1894~1993의『고려청자, 청자도공 해강 유근형 자서전1982』과 그의 작업일지 및 수첩을 정리한『해강 유근형 비망록2004』이 있지만 이것이 청자 부활의 전반적인 통사는 아니다.

좀 어이없지 않은가! 어떻게 그럴 수 있을까. 우리는 어찌하여 청자 부활의 역사마저 소홀히 하고 있는가. 우리의 민낯이 이러하다. 도처에서 '인문학 융성'이라는 구호를 내걸고 뭔가를 한다 하는데, 도자기와 관련한 분야에선 그야말로 황폐하기 그지없다.

조선이 시나브로 망해가던 어느 날 이토 히로부미伊藤博文, 1841~1909가 고종에게 고려청자를 보여주었다. 그러자 고종이 이렇게 물었다.

"이 도자기는 어느 나라 거요?"

이토가 말했다.

"이 나라 고려시대 것입니다."

그러자 고종이 말했다.

"그런가요? 이런 물건은 이 나라에는 없는 거요."

참 기가 막힌 일화다. 조선의 왕은 정작 청자를 모르고, 조선 각지의 무덤을 파서 도굴한 이토가 청자를 더 잘 알고 있던 것이 처참하기만 한 당시의 현실이었다. 그러나 우리 것을 제대로 모르고, 이를 굳이 알려주려 하지도 않는 비극적인 도자 문화의 상황이 지금도 계속 이어지고 있는 것은 아닌가?

청자만이 아니다. 현대 한국 도자기는 어떻게 살아났을까? 일제강점기와 한국전쟁을 거치며 모든 기초 인프라가 절단이 나서 요강과 칠기만을 겨우 만들 수 있던 한국의 도자산업은 과연 어떻게 부활할 수 있었을까?

이 역시 그 과정을 소상하게 알려주는 책이 없다. 현재 한국 도자산업의 메카가 된 이천시와 한국도자재단이 연구 간행물 형태로 이에 대해 출간한 것은 있지만 온전한 책으로 정리된 것은 없다. 기왕에 나온 연구 간행물도 그 내용이 충실하다고 보기는 좀 어렵다.

현대 한국 도자기의 부활을 일궈낸 1세대는 이미 모두 사망했다. 그들의 증언을 정리한 논문이나 연구 저술도 없다. 1세대의 활약에 대해서는 1.5세대 장인들의 기억을 통해 알 수밖에 없다. 그러나 1.5세대 역시 이미 나이가 일흔이 넘어 이들의 증언을 들을 수 있는 날이 그리 많지 않다.

하느님이 보호하사 지난해 이천시에서 이천 도자기 역사에 대한 책을 필자에게 의뢰해왔다. 정말 천우신조天佑神助다. 이천 도자기 역사는 곧, 한국 현대 도자산업 부활과 중흥의 역사다. 한국전쟁 이후의 폐허 속에서 단지 칠기 공장 몇 개만 있던 마을이 어떻게 한국 도자기의 메카가 되었는지 알아가는 과정은, 그동안 공허하게 비워져 있던 한국 도자산업 부활의 역사 페이지를 채워가는 작업이 되었다.

이제라도 이런 기회를 만들어준 이천시에게 정말 감사한다. 이천시의 이런 각성이 없었더라면 우리 현대 도자사의 정말 중요한 부분에 구멍이 뻥 뚫려 너무도 엉성하게 남아 있을 뻔했다. 식은땀이 다 난다. 지난 수개월 동안 정성을 다해 인터뷰에 응해준 대한민국 명장과 이천시 명장, 여타 관계자 여러분께도 진심으로 감사한다. 그들의 증언이 없었더라면 이 책은 나오지 못했을 것이다.

이제 이 책으로 이천 도자기 역사, 결과적으로 한국 현대 도자 부활의 역사를 후대에게 상세히 알려줄 수 있게 되었다. 명맥이 끊어졌던 청자와 백자가 어떻게 그 혈통을 잇게 되었는지 개괄적이나마 전해줄 수 있어서 천만다행이다.

2019년 봄 대구 호일암好日庵에서,

조용준

가마의 불처럼 이천시 도자산업도
활활 타오르기 바란다.

CHAPTER
1

임란 이후
조선과 일제강점기
도자산업

1

굶어 죽은
광주 분원의 사기장들

조선 왕실의 살림,
궁핍해질 대로 궁핍해지다

하교하기를, "일본의 실과 차, 영국과 미국의 보리, 프랑스의 비단, 러

시아의 소가죽, 독일의 자기磁器는 모두 그 나라에 알려진 생산품들인

데 그대는 본 일이 있는가?" 하니, 이헌영이 아뢰기를, "신이 연전에 일

본에 갔을 때 더러 보았습니다" 하였다.

– 고종 21년1884년 9월 26일의 실록01

이헌영李繩永, 1837~1907은 고종의 밀지를 받아 1881년 1월 신사유람단의 일

원으로 발탁돼 일본에 다녀온 인물이다. 이때 이필영李弼永, 민건호閔建鎬, 임

기홍林基弘 등이 통사로 동행했는데, 이헌영이 시찰한 부서는 세관 관계 기구

---

01   이하 인용한 실록 발췌 및 관련 내용은 『왕조실록을 통해 본 조선 도자사』, 방병선, 고려대학
교출판부, 2005년을 참조했다.

였고, 이 시찰로 인해 개화파 관료로서 성장할 수 있었다.

이 경험을 바탕으로 이헌영은 많은 책을 펴냈다.『일본문견록日本聞見錄』,
『일본문견별단초日本聞見別單草』,『일본세관시찰기日本稅關視察記』,『조선국수출
입반년표朝鮮國輸出入半年表』,『나가사키세관규식초長崎稅關規式抄』등 주로 일본
관계 편찬서다.

위 실록에도 나타나듯 당시 독일 자기는 고종이 그 실물을 본 적이 있는
지 신하에게 직접 물어볼 정도로 이미 세계적 명성을 얻고 있었다는 사실을
알 수 있다. 독일 마이센Meissen에서 유럽 최초의 경질자기가 만들어진 것이
1710년이니, 동양자기를 모방하여 흉내를 내기 시작한 지 170여 년 만에 그
이름이 고종의 귀에까지 들어갈 정도로 위치가 역전된 것이다.

고종이 왕위에 있는 동안 조선은 몇 차례 양요洋擾와 정치적 격변을 겪으
며 자의 반, 타의 반으로 새로운 문물과 사상을 접하게 되었다. 이에 소위 신
문물이라고 하는 일본과 서양의 많은 물산들이 유입되었다. 물산의 유입 경
로를 살펴보면 이들 나라의 신하들이 고종에게 헌상품으로 바치는 경우도
있었고, 일본을 비롯한 외국에 유람단으로 파견된 대신들이 직접 가지고 오
는 적도 있었다.

이런 신문물은 당시 조선 지배층에게는 적지 않은 문화적 충격을 안겨주
었고, 서양이라는 새로운 문명에 하루라도 빨리 적응해야 한다는 두려움을
갖게 만들었다.

일본은 이미 1860년대 초에 서양과 무력으로 대결하는 것이 불가능한
일임을 깨닫고 서양식 군제軍制와 무기를 적극 도입하여 1868년 메이지유신
성립을 통해 근대국가로 탈바꿈했는데, 조선은 그제야 서양 문물의 우수
함을 깨달은 정도였다.

- 17세기 경북 봉화 조선 제기. 백자음각 상준(象尊)
- •• 15세기 후반에서 16세기 조선 제기. 분청인화무늬 이(匜)

백자의 나라라는 명성을 가졌던 조선은 1800년대, 더 이상 도자기 선진국이 아니었다. 아니, 1592년 임진왜란과 1597년 정유재란을 겪으며 조선의 도자산업 자체가 거의 붕괴되었다고 보는 것이 더 적절하다.

> 전교하였다. "어제 명부가 모였을 때에 비단 차린 음식이 너무 소략하여 모양을 갖추지 못하였을 뿐만 아니라, 내전의 잔칫상도 준비하지 않았다가 때에 임박하여 차리느라 뒤죽박죽이 되었으니, 소홀함이 비할 데가 없었다. 심지어 나무 소반과 사기그릇까지도 모두 깨지고 남루한 물건을 구차하게 충당하여 진설하였으니 불결하고 불경하기가 이보다 더할 수 없었다. 매우 놀랍고 한심스럽다. 사옹원司饔院의 해당 관원과 설리薛里 02·반감飯監 03 등을 모두 추고하여 죄를 다스리도록 하라."
>
> – 광해군 2년1610년 5월 13일 실록

위 내용을 보면 정유재란이 끝난 지도 10여 년이 더 지났지만 전란의 피해는 여전히 복구되지 않았음을 알 수 있다. 대전大殿에서 사용하는 사기그릇도 깨지고 남루한 게 많을 정도였다. 연례 그릇이나 음식의 준비도 소홀하고 음식을 나를 소반 역시 불결했다. 특히 사옹원 광주 분원의 장인 모집과 대우, 원료와 연료 수급 등 제작 여건이 회복되지 않아 제대로 된 그릇 생산이 어려웠던 것으로 보인다.

02 조선시대 내시부(內侍府)에서 임금에게 올리는 음식에 관한 일을 맡아보던 벼슬
03 조선시대 사옹원(司饔院)에 소속된 관직이다. 궁궐 내 각 전(殿), 각 궁(宮)의 음식 조리 책임자로서 오늘날의 주방장에 해당한다.

- 18세기 조선 제기. 백자 궤(簋)
- •• 18세기 조선 제기. 백자 작(爵)

사옹원이 아뢰기를, "조정의 연향宴享 때 사용하는 화준花罇04이 난리를 치른 뒤로 하나도 남아 있는 것이 없으므로 늘 푸른 채색을 사다가 구워내려고 했습니다만, 사올 길이 전혀 없습니다. 그래서 연향하는 예禮가 있을 때마다 어쩔 수 없이 그림을 가짜로 그려 사용하는 등 사체로 볼 때 구차하기 짝이 없었습니다. 그런데 이번에 전 현감 박우남朴寓男이 화준 한쌍을 바치고 싶다 하기에 그 뜻이 가상해서 살펴보았더니, 두 단지 모두 뚜껑이 없고 하나는 주둥이에 틈이 벌어져 붙여놓기는 하였습니다만 술상의 분위기를 빛내줄 만하였습니다. 따라서 본원에 놔두고 뒷날의 용도에 대비케 하는 것이 온당하겠습니다."하니,

전교하기를, "일찍이 수령을 지낸 사람이니 그에 상당한 수령으로 올려 제수하고, 단지 뚜껑을 속히 구워내는 일을 의논해 처리토록 하라." 하였다.

- 광해군 10년1618년 윤 4월 3일의 실록

전란이 끝난 지 20여 년이 다 되지만 전쟁 중에 파손된 청화백자는 이후 다시 제조하기 어려웠다. 국가 재정이 궁핍해졌기 때문이기도 하지만 당시 명나라와 후금 사이의 긴장 관계 탓에 중국으로 간 사신들을 통해 청화 안료인 회청回靑을 수입해오는 일이 거의 불가능해진 탓이었다.

이로 인해 각종 연례에 청화백자가 필요한 때에는 '가화'를 사용했다고 했으니, 여기서 가화는 두 가지로 추정이 가능하다. 첫째는 종이나 비단에 그림을 그려 이를 백자 항아리에 붙여서 화준으로 대신한 경우다. 두 번째는

---

04 꽃무늬가 있는 큰 항아리. 당시는 채색자기가 없었으므로 당연히 청화백자를 말한다.

초벌구이를 한 항아리에 청화 안료가 아닌 일반 먹과 안료로 그림을 그린 후 굽지 않고 사용한 경우다. 인조 연간의 기록을 보면 가화 용준龍樽, 용을 그린 술그릇을 운반할 때 문양이 뭉개지고 닳는다고 되어 있어, 두 번째 가능성이 더 높아 보인다. 이런 '가화 용준'은 인조 이후에도 계속 사용되었는데, 더 이상은 두고 볼 수 없었는지 급기야 중국에서 화룡준 한쌍을 사오거나 석간주石間硃05를 안료로 하는 철화백자로 대체하기에 이른다.

실제 1610년대 분원이 있던 광주 가마터에서는 청화백자는 물론 철화백자도 거의 출토된 적이 없는 것으로 보아 화룡준은 사실상 제작되지 않았다고 볼 수 있다. 철화백자가 본격적으로 청화백자를 대체하게 되는 시기는 인조 이후의 일이다. 이후에도 왕조는 물론 백성들의 옹색하고 궁핍한 살림살이는 계속된다.

또한 위 기록을 보면 전직 현감 출신이 가지고 있던 화준 한쌍을 바쳤는데, 그 물품이 뚜껑이 없고 이가 빠진 것이었음에도 불구하고 이를 칭찬하여 과거 직급에 준하여 다시 제수했다는 사실을 알 수 있다. 전란 이전이라면 거들떠보지도 않았을 화준 한쌍으로 관리에 다시 임용된 것이니, 그야말로 파격적인 인사가 아닐 수 없다. 이 정도로 당시 상황에서 청화백자가 품귀했고, 청화백자의 번조燔造06가 불가능했던 것으로 보인다.

비변사備邊司07에서 광주 분원에 살고 있는 백성 39명이 굶주려 죽었다

---

05 산화철을 많이 포함한 붉은빛 흙에서 산출한 검붉은 안료
06 질그릇이나 사기그릇, 도자기 등을 불에 구워서 만드는 일
07 조선시대 군국의 사무를 맡아보던 관아로 임진왜란 이후 의정부를 대신해 정치의 중추기관이 되었다.

19세기 조선 청화백자 운룡문항아리. 분원백자자료관 소장

19세기 조선 청화백자 초화문항아리. 분원백자자료관 소장

고 하여 부윤 박태순을 추고하도록 청하니, 그대로 윤허하였다.

- 숙종 23년¹⁶⁹⁷ 윤 3월 6일

당시 광주 분원에 살고 있던 장인들은 사옹원에서 지급하는 장포匠布 **08** 로 연명하였으니, 장포 수급이 원활하지 못한 경우는 별도의 살아갈 방도가 없었다. 장포는 분원에 입역入役하지 않은 외방 사기장이 내는 것이나 이들이 전염병과 기근에 시달리면서 장포를 낼 수 없게 되자 결국 분원 장인들과 그들의 가족들이 무려 39명이나 굶어 죽는 일이 발생한 것이다.

당시 조선이 유례없는 기근과 전염병으로 온 나라가 신음하였다고는 하나 왕실의 그릇을 만드는 장인들마저 굶어 죽었다고 하는 것은 그만큼 이들에 대한 처우가 형편없었다는 사실을 반증한다. 임진왜란 이후 100년이 지났어도 조선의 도자산업은 여전히 나아지지 않는 답보 상태에 머물러 있음을 알 수 있다.

청화백자의
지극히 짧았던 황금기

물론 숙종 이후 영조 연간에 이르면 경제 사정이 나아지고 중국과의 관계가 회복되면서 짧은 기간이나마 황금기가 찾아온다. 영조 28년 광주 분원은 금사리에서 분원리로 이동하여 이후 민영화될 때까지 그 위치가 고정되었다. 회청 수입이 원활해지면서 청화백자가 다시 활발하게 생산되었고, 기존 철화백자에서 청화백자 중심으로 바뀌었다.

08 장인에게 급료로 주는 베

왕실 이외 사대부 수요층이 증가함에 따라 문인 취향의 산수문이 새롭게 등장하고, 매국문梅菊文과 좋은 일을 상징하는 무늬인 각종 길상문吉祥紋이 항아리와 병, 사발, 찻사발 등에 정갈하게 새겨졌다. 그릇의 종류도 일상생활 용도 중심으로 다양해져서 각종 반찬기가 등장했다. 백자의 유색 또한 독특한 우윳빛 유백색 백자가 광주 금사리와 분원리에서 제작되었다. 가장 우아하고 조선적인 청화백자가 생산된 것이다.

영조 후반에 들어서면 청화백자가 상당히 대중적인 제품이 되었다. 왕실과 사대부뿐 아니라 하급관리들까지 누구라도 돈만 있으면 가질 수 있는 상품이 된 것이다. 특히 분원 안에 회청이 남아돌고 이를 전문으로 하는 장인까지 생겨날 정도로 청화백자가 범람했다. 상황이 이렇게 되자 영조는 화룡준을 제외하고는 청화백자 사용을 모두 금하도록 어명을 내렸다. 이전에는 철화백자를 만들 만큼 궁핍했는데, 이제는 여기저기에서 청화백자를 사용할 만큼 사치 풍조가 번졌으니, 연례 때 사용하는 용문 항아리를 제외하고는 회청 사용을 하지 말라는 것이었다. 그러나 이 어명은 잘 지켜지지 않았던 것으로 보인다. 정조 때에도 역시 마찬가지였다.

국운을 일으켜 세우기 위해 안간힘을 쓰던 정조가 갑작스럽게 승하하고 나이 어린 순조가 등극하자, 청화백자의 대중화는 더욱 가속되었다. 세도정치에 참여하거나 부를 축적한 중인과 상인 계급이 한양을 중심으로 경화사족京華士族09을 형성하여 사치스러우면서도 활발한 분위기를 이끌어나갔다. 이들은 축적된 부로 신분상승을 꾀하면서 골동품과 서화 소장에 열을 올렸다.

그릇 역시 호사스럽고 화려한 장식의 도자기를 찾으면서 청화백자 수요

---

09 한양과 근교에 거주하는 사족이라는 일반적 의미 이외에 18세기 이후 서울을 높이고 지방을 낮추던 풍조 속에 지방 사족과 구별하고자 변화한 서울 사족을 지칭하기 위해 고안된 용어다.

조선 18~19세기 철화백자 포도무늬항아리. 국보 93호

가 매우 급증했다. 이에 따라 분원의 청화백자는 영조나 정조 때처럼 정선된 원료와 기술을 바탕으로 최상품을 제작하기보다는 숫자를 채우는 데 급급한 대량 제조로 흘러갔다. 아울러 수요 증가에 따른 관리자들의 중간 사취詐取가 만연하여 분원 운영이 어려워졌고, 정부 재정의 고갈로 분원 재정은 날로 말라갔다. 청화백자의 황금기가 매우 짧게 끝나가고 있었던 것이다.

이리하여 순조 때가 되면 점점 중국 자기의 수입이 늘어났는데, 중국 그릇들은 분채나 오채 등 화려한 채색을 한 것들이 많아서 백자와 청화백자가 주류를 이루던 풍조에 많은 변화가 생겨났다. 국내에서 만드는 자기도 점차 문양과 채색 등의 장식 기법이 중국 그릇을 따라갔다. 이런 중화풍 모방 경향이 심화된 것은 왕실뿐 아니라 전반적인 수요층이 분원 자기보다 중국 자기를 더 선호했기 때문이다.

이 같은 현상은 당시 민화에서도 드러난다. 조선 후기 민화에서 자주 보이는 책거리 그림에는 책장 사이로 백자가 아닌 중국 그릇들이 등장한다. 이렇게 되자 분원에서 만드는 청화백자 역시 중국의 형태를 따라가는 추세가 생겼고, 이전 문인 취향의 단순하고 소박한 분위기는 찾아볼 수 없게 되었다.

광주 분원, 민영화로 넘어가다

고종 때가 되면 급기야 광주 분원은 민영화의 길로 들어선다. 관영 수공업으로 운영되었던 분원은 그동안에도 실질적으로 상인 물주와 장인의 우두머리들이 경영에 참여해왔다. 그런데 이제 완전히 그들에게 맡기는 '허민번조許民燔造', 즉 '민간에게 번조를 허락한다'는 민영화가 시작된 것이다.

결국 민영화로의 체제 전환이 실현된 지 10년 만인 1894년 8월 분원은 해체 위기에 처했고, 이후 100여 만 냥의 빚을 떠안고 1896년 무렵 공식 폐지되었다. 1900년 무렵의 광주 분원리 일대에는 고작 10여 명의 사기장만 남아 있을 정도로 황폐화되었다.

고종에 이르러 이렇게 왕실 분원이 민간에게 넘어간 데에는 여러 가지 이유가 있다. 첫째 왕실의 각종 연례 때 사용하는 진상 자기의 양이 폭증하고, 이에 따라 잡비가 증가하고 왕실 재정이 궁핍해지면서 점차 진상이 제대로 성사되기 어려워졌기 때문이다. 그러자 이전부터 분원 경영을 실질적으로 좌우하던 일부 장인들에게 분원의 운영을 맡기는 대신 진상을 도맡도록 해왔는데, 이제 그런 방식마저도 한계에 봉착한 것이다.

둘째, 왕실과 사대부를 비롯한 수요층이 더 이상 분원의 백자와 청화백

시가 있는 15~16세기 조선 청화백자 접시. 국립중앙박물관 소장. 쓰인 내용은 다음과 같다. 竹溪月冷陶令醉(대나무 숲 시내에 달빛이 서늘하매 도연명이 취하고) 花市風香李白眠(꽃시장에 바람 향기로워 이태백이 잠드네) 到頭世事情如夢(눈앞의 세상일은 정겹기 꿈과 같아) 人間無飮似樽前(인간 세상 술 없이도 술잔 앞에 있는 듯해). 19세기 중반을 넘어서면 이처럼 고아한 분위기의 청화백자를 좋아하던 사대부들은 거의 사라지고 중국과 일본의 화려한 도자기에 잠식되어갔다.

자만을 고집하지 않고 중국이나 일본 도자기에 상당히 경도된 사실을 들 수 있다. 이러한 현상은 맨 처음에 인용한 것처럼, 고종이 신사유람단으로 갔던 이헌영에게 독일 자기를 본 적이 있느냐고 물어본 데에서도 능히 짐작할 수 있다.

화려한 그림이 그려진 자기들이 주를 이루는 중국과 일본 그릇들에 비해 투박하고 거친 조선 그릇은 수요층의 욕구를 충족시키기 어려웠던 것으로 보인다. 조선 사대부들은 더 이상 소박하고 절제 있는 장식을 선호하던 이전의 사대부가 아니었던 것이다.

게다가 원료와 연료 공급에서부터 판매와 장인 관리까지 모두 왕실의 관리 하에 있었던 관요는 개항 이후 그릇 시장을 잠식해오는 중국이나 일본 그릇과 가격으로 경쟁하기 어려웠다.

고종 18년[1881]이 되면 당목唐木, 각종 비단, 동기銅器와 사기 등을 판매하는 일본 범선들의 출입이 잦았고, 이들은 나가사키長崎에서 출발해 부산항에 들어왔다. 1892년의 통계자료에 따르면 일본 자기 수입금액은 총 4만 2천 엔으로 개항장 부근의 조선인들이 일본 사기를 사용하지 않으면 안 될 정도로 많은 양이 수입되었다.[10]

이처럼 밀려오는 일본 사기와의 경쟁에서 재래적인 생산 방식의 분원 자기는 경쟁력을 갖추지 못했고 대항할 여력도 없었다. 분원의 민영화와 쇠락은 조선 도자산업 전체의 쇠퇴로 연결되는 일종의 서막에 불과했다.

---

10 「미술사논단」 29호, '18·19세기 일본 자기의 유입과 전개 양상', 최경화, 한국미술연구소, 2009년 12월

2
일본 사기와 조선 자기의
위치 역전

조선이 일본에
도자기를 주문한 기록

일본이 조선에 도자기를 주문한 것이 아니라 거꾸로 조선이 일본에 도자기를 주문한 최초의 예는 기록으로만 보자면 1704년의 일이다. 이삼평李參平, 출생년 미상~1656 공이 일본으로 납치되어 사가 번의 아리타有田에서 1616년 일본 최초의 백자를 만든 지 거의 90여 년 만의 일이다.

아메노모리 호슈雨森芳洲, 1668~1755는 유학자 출신으로 약 40년 동안 쓰시마對馬 번에서 조선과의 외교를 담당했던 인물이다. 그가 부산에서 공부하다가 1704년 11월 일본에 잠시 귀국할 무렵 조선 측이 그에게 '이마리伊万里 대다완大茶碗' 21개 주문을 의뢰했다는 기록이 등장한다.[11]

---

11 「미술사논단」 29호, '18·19세기 일본 자기의 유입과 전개 양상', 최경화, 한국미술연구소, 2009년 12월, 한국미술연구소, 2009년 12월
『부산요의 역사 연구(釜山窯の史的研究)』, 이즈미 초이치(泉澄一), 오사카관서대학출판부, 1986년

통도사 설송당의 사리구. 문양 등에서 일본 아리타 제품임을 알 수 있다.

이것이 바로 조선이 최초로 일본에 도자기를 주문한 기록이다. 이에 따르면 주문자가 단순히 조선의 도시都市라고만 되어 있어 어느 곳인지 확실치 않으나 한성 아니면 호슈가 머물렀던 부산이 아닐까 짐작된다.

주지하다시피 전국시대 이후 일본에서 최고의 찻사발은 '고라이다완高麗茶碗'이었다. 현재도 으뜸으로 치는 찻사발들, 즉 '이치 라쿠, 니 하기, 산 가라쓰一樂, 二萩, 三唐津' 모두가 조선인 사기장으로부터 비롯되었다.

그런데 1704년이 되자 급기야 조선에서 일본에 찻사발을 주문하는 소위 '문명의 역전 현상'이 벌어졌다. 앞에서 강조한 것처럼 조선인 사기장이 일본 최초의 백자를 만든 지 90여 년이 되자 일본의 도자 기술이 조선을 앞지를 정도가 된 것이다.

이렇듯 18세기 초 조선과 일본의 도자 교류에 나타난 변화 조짐은 18세기 중후반이 되면 보다 뚜렷해진다. 일본 사기가 무역 상품으로 조선에 유입된 사실에서 보듯 개항 이후 물밀듯이 밀려든 산업자기로 인해 교류의 방향이 일본에서 조선으로 역전된 것으로 보인다. 이렇게 18세기에 일본 사기가 조선에 유입될 수 있었던 것은 17세기 중반 이미 동남아나 유럽에까지 자기를 수출할 수 있을 만큼 일본 도자 기술이 발전했다는 사실을 전제로 한다.

1754년 양산 통도사에 세워진 설송당雪松堂 사리탑의 사리구舍利具도 히젠 지역에서 생산된 자기였음이 밝혀지기도 했다.[12]

개항 이전 무역품으로 조선에 유입된 자기는 1770년대에는 히젠자기[13]를 쓰시마対馬, 대마도번이 매입하여 수출했으나, 1780년대 초부터는 쓰시마 번에서 직접 제작하여 수출하기도 했다. 그러나 쓰시마 도자기는 질이 떨어져서 여전히 히젠자기가 수출 품목의 대다수를 차지했다.

조선 점령에 앞장선
일본인 도자기 판매상들

일본은 조선에 통상을 강요하기 위해 1875년고종 12년 군함 운요호雲揚號를 보내 싸움을 걸어왔고, 이를 빌미로 조선을 무력으로 위협하며 개항을 요구했다. 그리하여 다음 해인 1876년 조선과 일본의 대표가 강화도에 모여 조약을 맺었고, 조선은 본격적으로 일본에 문호를 개방하게 된다. 이렇게 전혀 사전 준비 없이 뜻하지 않게 '개항을 당한' 이후 조선은 자본이나 제작 기술에서

---

12 『일한교류사이해촉진사업조사연구보고서』, 「한국출토 근세 일본자기」, 이에다 준이치 (家田淳一), 일한교류사이해촉진사업조사실행위원회, 2006년
13 사가 현(佐賀縣)과 나가사키 현에서 생산되는 자기를 말한다. 사가 현의 아리타가 생산의 중심지였으나 초기에는 인근 이마리 포구에서 수출되었으므로 이마리 자기로도 불린다. 유럽에서는 거의 '아리타 자기'가 아닌 '이마리 자기'로 표기하고 있다.

외국 그릇과 시장 경쟁을 할 만한 채비를 갖추지 못한 상태에서 부산과 인천, 원산 등지를 통해 '일본 사기'를 수입하게 되었다.

1878년 아리타의 상인 야나세 로쿠지柳瀬六次는 조선에 직접 와서 보고 값싼 식기의 수요가 크다는 것을 파악하고 사기를 대량으로 제작하여 수출했다. 이어 후치가미 규베이淵上休兵衛는 무역 상점을 경영하면서 조선 자기를 본떠 만든 일본 사기를 이마리로부터 수입하여 널리 판매했다. 수요가 증가하자 1899년에 조합을 조직하고 조합장이 되었다. 이렇게 돈을 벌어 재한 일본거류민 회장으로 추대되고, 일본 경성상업회의소[14] 대표를 겸했다.

그는 도자기 판매와 미곡米穀 무역을 비롯하여 조선군일본군[15]의 어용상인으로서 물자 조달을 전담해 서울 굴지의 자산가가 되었다. 지금 서울 태평로에 해당하는 경방 서학현慶坊 西學峴에 30칸짜리 기와집에서 살았다고 한다.

1883년 1월 인천이 개항하면서 최초로 일본 상인이 거류하기 시작한 것은 그해 4월이었다. 이때 인천에 이주한 일본인은 대략 30여 명 정도였는데, 이 중 히구치 헤이고樋口平吾는 부산에서 히젠자기 판매원으로 일하다가 판매망 확대를 위해 인천으로 이주했다.

히구치는 조악한 일본 사기 수입이 증가하면서 한인들 사이에 일본 사기에 대한 신용이 실추되자 1894년 잡화상조합을 결성해서 저질 도기의 수입금지와 잡화상의 상품 투매를 통제하려고 노력했다. 히구치는 1889년 도에

---

14 1915년 조선총독부령에 의해 설립된 경제인 단체로 일본인의 경제활동을 지원했다.
15 조선 주둔 일본군을 말한다. 기원은 러일전쟁 때 일본 대사관과 일본 민간인 보호를 구실로 한성부에 들어와 1904년 3월에 세워진 한국주차군(韓國駐箚軍)이다. 1910년 한일합방 이후 10월 1일 조선주차군(朝鮮駐箚軍)으로, 1918년 조선군(朝鮮軍)으로 이름이 바뀌었다. 1945년 8월 15일 일본 패망 이후에도 9월 9일 경성에 진주한 미군에 항복하기 전까지 유지되었다.

키샤同益社를 조직해서 거류 일본인 소비조합운동을 이끌었고, 청일전쟁 때는 거류민 대표로 일본군 군수품 수송위원과 이사장을 지냈다.

앞서 후치가미 규베이의 경우가 그랬듯 히구치 헤이고도 일본의 조선 점령과 병탄에 앞장섰다. 결국 일본 사기를 국내에 팔아 많은 돈을 번 판매상들이 민간 부문에서 조선 침략의 선봉이 되었고, 도자기가 조선 병탄의 한 수단이 된 셈이다.

일부 조악한 물품이 있어도, 이들이 보급한 일본 사기가 전국에 걸쳐 상당히 널리 퍼져 있던 사실은 1884년에서 1885년까지 조선주재 영국영사를 역임한 W. R 칼스의 기록 『조선풍물지朝鮮風物志』에서도 확인된다. 그는 여기서 평양 여행을 할 때 그곳의 상점과 노점에 일제 식기가 팔리고 있다는 사실을 보고, 조선에서 일본 식기의 침투가 매우 빠르게 확산되어간다고 지적했다.

일본 사기의 확산에는 물론 일본 상인뿐만 아니라 조선 상인들도 가세했다. 1889년 경성 상인 항춘호恒春號와 정치국丁致國은 직접 일본으로 건너가 우레시노嬉野에 있는 '요시다 가마吉田窯'와 거래했다. 나중에 이 거래가 끊어지자 요시다 가마의 야마구치 마타시치山口又七가 직접 인천에 지점을 개설하여 사업을 벌였다.[16]

항춘호는 경성 상인이라고 하지만 한국인 성씨 중에는 '항' 씨가 없으므로 화교인 것으로 추정된다. 정치국은 부산 출신의 인천 거부로 1912년에 인천부 참사를 지냈다. 현재 '친일반민족행위 106인 명단' 가운데 경제 부문에 속해 있다.

그런 요시노 가마는 이삼평 공과 관계가 있으니, 아이러니한 역사가 아닐

---

16 『히젠 도자기 역사』, 나카지마 히로이키, 청조사 복간본, 1936년, pp194-195

수 없다. 이삼평 공을 납치해간 히젠 사가肥前佐賀 번주인 나베시마 나오시게鍋島直茂, 1538~1618는 이삼평 외에도 수많은 사기장을 납치했는데 1598년 그중 한명을 요시다 산에 보내 그곳에서 도자기를 만들도록 했다.

이후 1624년에서 1644년 사이 당시 번주 나베시마 나오즈미鍋島直澄, 1616~1669가 요시다의 작은 가마를 폐지하고, 소에지마副島, 무타牟田, 가나가에金ヶ江, 가에이家永 네 명을 지도자로 삼아 2개의 커다란 조선식 오름가마를 만들었다. 아울러 이들 네 명에게 제조 및 판매에 편의를 주었다고 한다.

여기서 등장하는 '가나가에'가 누구인가. 바로 이삼평 공의 후손이다. 그런데 이삼평은 1655년에 사망했으므로, 여기서의 가나가에는 이삼평의 2대 후손이 될 것이다. 이처럼 이삼평은 일본 최초의 백자 제조뿐 아니라 요시다 가마의 중흥과 조선 수출에도 기여했다. 이 사실은 이제껏 국내 어느 논문이나 책에서도 밝혀진 적이 없다. 이 책에서 처음으로 밝히는 이야기다.

이후 요시다 가마는 1880년메이지 13년에 소에지마 리사브로副島利三郎가 쇼세이샤精成社를 창립하고 시설을 개선하여 조선에 수출하는 일용식기 제조에 전념한다.

이들에 이어 아리타 상인인 야나세 로쿠지가 요시다 가마의 오오구시 오토마쓰大串音松에게 제품을 주문함으로써 조선에 대한 판로를 대폭 확장시켜 놓았다.

야나세 로쿠지는 조선에서의 영업이 너무 잘되자 나중에는 우레시노뿐 아니라 기후岐阜, 아이치愛知, 에히메愛媛 현에도 가마를 세우고 사업을 확대했다. 처음 이 가마들은 굽바닥에 '대음大音'이라고 넣었기 때문에 조선 땅에는 이들 그릇이 넘쳐났다. '大音'이라는 제품은 1910년대 일본의 조선 수출 도자기의 3분의 1을 차지할 정도였다.

굽바닥에 '대음(大音)'이라 쓰인 요시다 가마의 사발 등 식기 제품들

특히 청일전쟁에서의 일본 승리는 요시다 가마에 대호황과 엄청난 이익을 가져다주었다. 저마다 '한탕'을 노리고 조선으로 건너온 일본인들이 사방에서 도자기 가게를 개업하면서 대부분 요시다 가마에 제품을 주문했던 것이다. 요시다 가마의 굴뚝에서는 연기가 잦아들 날이 없었다.

하사미 그릇이
한반도에 범람하다

조선이 항구를 열자마자 조선 수출용 도자 생산에 박차를 가한 또 하나의 지역은 아리타의 하사미波佐見라는 마을이다.

하사미는 작은 마을이지만 일본 전국적으로 보아도 3번째로 큰 규모를 가진 도자기 생산지다. 이 작은 마을에 무려 150여 개의 가마가 있고, 그곳에서 일본 식기의 15%를 생산한다. 혼슈 지역의 세토瀨戸 도자기와 더불어 생활자기의 메카가 바로 하사미다. 하사미 생활자기는 구한말부터 일제강점기에 이르기까지 우리 식탁의 그릇은 물론 심지어 요강까지 일본 사기가 점령하게 된 기폭제 역할을 했다.

하사미에서 처음으로 가마를 연 것은 1598년 조선인 사기장 이우경李祐慶으로 돼 있다. 그는 원래 이름만 알려졌고 성씨가 알려지지 않았으나, 1968년 하사미 도자기 창업 370주년 기념사업의 일환으로 하사미 주민들은 우경을 하사미 도자기 개조로 인정하고, 그의 기념비를 커다랗게 세우면서 그의 성을 '이씨'로 삼았다. 그리고 그 후부터 오늘날까지 매년 5월 1일이 되면 도조제陶祖祭를 지내고 있다. 굳이 '이'라는 성씨를 붙이고, 도조제 날짜를 5월 1일로 정한 것을 보면 이웃 아리타 이삼평 공의 영향이 엿보이기도 한다.

하사미에서 조선인 사기장들에 의해 본격적인 자기 생산이 이루어진 것은 대략 1630년 무렵으로 추정되는데, 청자가 중심이었다. 지금도 '하사미 청자'는 질에 파란 꽃이나 문양을 새겨넣은 독특한 양식으로 잘 계승되고 있다. 이후 하사미 자기는 급속 성장을 하면서 구한말부터 일제강점기에 이르기까지 일본 사기가 점령하게 된 기폭제 역할을 하게 된다.

일본 서민의 식탁에서 밥그릇과 접시 등을 비롯한 각종 다양한 사기그릇들이 사용되면서 비로소 식탁의 모습이 완성된 것은 이처럼 하사미 덕택이었다. 하사미야키의 400년 역사는 바로 일본 음식 문화 400년의 역사이기도 한 것이다.

서민용 그릇이 보급되기 시작했다는 것은 일본의 대중식당에서도 사기그

이천 도자기 1세대에 해당하는 고승술의 전용 분청사기 요강.
뒷면에 '77년 1월, 남곡 선생님 전용'이라고 새겨져 있다. 매우 귀중한 유물이다.

릇을 사용하기 시작했다는 의미이기도 하다. 오늘날 일본에서는 어떤 대중식
당이라도 플라스틱 그릇을 사용하지 않고 반드시 사기그릇을 사용한다. 하
다못해 거리의 노점상이나 앉지 못하고 서서 음식을 먹는 간이식당에서도 사
기그릇은 필수적이다. 음식은 비싼 도자그릇이 아니더라도 적어도 사기그릇
에라도 담아야 한다는 손님 존중의 마음이 살아 있다. 일본의 대중적 전통에
우리 선조가 바탕을 일궈낸 하사미 그릇이 결정적인 역할을 한 것이다.

1871년 일본 메이지유신의 정책으로 모든 번이 사라지고 번 차원의 지원
도 없어지자 큰 가마는 폐지되고 작은 가마밖에 남지 않는 등 위기가 생겼다.
그러나 두 가지 요인이 곤경에 처한 하사미를 다시 구출해냈다. 그 하나는 사
케나 소주를 담아 마시는 술병과 방에 두고 오줌을 누는 요강의 대량 생산

이었다. 하사미를 구한 또 하나의 요인은 바로 조선으로의 수출이었다. 하사미는 1887년 무렵부터 조선으로 사기그릇을 대량 수출하기 시작했다. 1895년에 발행한 『조선휘보朝鮮彙報』라는 문헌에 의하면 1892년 당시 조선의 일본 사기 수입금액은 총 4만 2,000원에 달했고, 그것의 대부분은 일용잡기였으며, 개항장 부근의 조선인들은 모두 일본 사기를 사용하며, 자국의 것을 사용하는 사람은 거의 없을 정도라고 했다.[17] 급기야 조선의 서민들이 사용하는 그릇마저도 일본이 담당하게 된 것이다.

심지어 요강도 일본 제품이었다. 하사미는 조선에서 이전까지 구리나 놋쇠 요강을 사용했던 것이 사기로 바뀌는 데 결정적인 역할을 했다. 1924년 「경성일보」는 '조선인의 식기와 변기에 금속기를 사용하는 습관이 근래에 들어서 점차 도자기를 사용하는 경향으로 되었다'고 보도하고 있다. 이처럼 하사미의 조선인 사기장들의 후예는 선조의 나라에 사기그릇으로 돌아와 생활문화를 바꿔놓았던 것이다.[18]

그러나 일본에서 수입한 사기그릇 가운데는 품질이 불량한 제품도 많았던 것으로 보인다. 1888년 당시 인천주재 일본영사가 외무성에 보낸 글에는 '그릇의 경우 곧 깨어지는 것이 많으며, … 중략 … 악평으로 인해 일본 잡화 전체를 신용하지 않게 된다'고 우려하는 내용이 들어 있다.

여기서 판매한 그릇이 일본 어느 지역에서 생산된 것인지 자세한 기록이 없어 알 길이 없으나 값이 매우 저렴하고 그다지 품질이 좋지 못했다면 거기에는 분명히 하사미 제품이 대량으로 섞여 있었을 것이다. 하사미는 저렴한

---

17 『한일 문화교류-그 새로운 역사의 장을 열며』, 「한일시대 한일 도자교류」, 방병선, 부산박물관, 2008년, p 281
18 『일본어문학 제45집』, 「하사미 도자기와 조선도공」, 노성환, 2010년, p296

일제강점기 당시 가장 대중적으로 사용되던 백자 식기. 경남 고성 수로요(首露窯) 소장

생활자기 상품으로 위기를 극복한 곳이기 때문이다. 특히 조선 수출용 요강을 제조한 곳은 일본에서는 하사미와 인근 지역인 시오타鹽田뿐이다.

수출뿐만 아니라 직접 조선으로 건너가 가마를 개설하고 그릇을 생산하는 사람도 나타났다. 1910년 한국이 일본에 강제 병합되던 시기에 하사미의 바바 마타이치馬場亦市는 대구에서 직접 도자기 공장을 차렸다.[19]

조선시대나 일제강점기 사람들에게 도자기는 일부 예술품을 빼고 나면 대부분 식기로 여겨졌음이 확인된다. 그러나 이는 한국전쟁과 그 이후 플라스틱의 등장과 함께 또 대변혁을 겪는다.

---

19 『하사미 도자기 역사(波佐見陶史)』, 바바 준(馬場淳), 하사미교육위원회(波佐見教育委員會), 1962년

3

일제강점기
일본인 도자 사업가와 수집가들

납치된 청자 사기장의 일본인 후예가
조선에서 청자를 되살리다

1876년고종 13 조선과 일본 사이에 체결된 조일수호 조약강화도조약, 병자수호조약으
로 부산, 원산, 제물포 세 항구가 개방되자 많은 일본인이 조선으로 들어왔
다. 자본가, 군인, 관료, 교원, 지주, 하층 노동자, 폭력단 조직원, 실업자, 부랑
자 등 다종다양한 형태로 현해탄을 건너온 일본인 가운데 자본가들은 일찍
부터 조선이라는 나라의 상품 가치에 주목했다. 이들에게 '미개척지' 조선은
성공의 기회를 보장하는 땅이었다. 일본의 조선 지배 체제는 자본가의 진출
을 통해서 그 물적 토대가 완성되었다고 해도 전혀 과언이 아니다.

　일본 상인들은 조일수호조약에서 보장한 무관세 특권을 이용해, 일본
상품뿐 아니라 유럽과 미국의 '개화 상품'을 중계무역 형식으로 조선 사람
들에게 팔았다. 그리고 조선에서 물건을 팔아 번 돈으로 쌀과 인삼을 싸게
구입해서 일본으로 보냈다. 당시 일본 무역상들에게 조선은 관세도 세금도

없는 '황금알을 낳는 거위'였다.

　조선 특산물인 인삼이 일본에서 인기를 끌자, 인삼 무역을 하려는 일본인들이 개성으로 몰려들었다. 그런데 개성에서 인삼밭을 찾아다니던 일본 상인들 중 눈 밝은 사람이 우연히 고려청자를 발견했던 모양이다. 그가 일본으로 인삼을 갖고 가면서 비취색 도자기도 함께 들고 갔다. 그것을 본 일본 골동품상들은 눈이 휘둥그레졌다. 고려청자는 이렇게 세계에 모습을 드러냈다. 일본 골동품계에서는 이 시기를 1880년 무렵으로 보고 있다.

　이후 일본 골동품상들이 현해탄을 건너 개성으로 몰려들었다. 그러나 이들은 개성 어디에서도 청자를 파는 가게나 상인을 만날 수 없었다. 조선시대에는 청자를 만들지 않았기 때문이다. 고려시대에 만들어진 청자는 대부분 무덤 속에 부장품으로 묻혀 있었으니, 고려청자의 존재를 아는 사람이 드문 건 당연했다.

　개성에 고려시대 임금과 왕족 그리고 무신정권 시대 실력자들의 무덤이 있다는 사실을 알게 된 일본 골동품상들은 일본으로 돌아가 도굴꾼을 데려왔고, 이때부터 본격적으로 고려청자가 지상으로 나오기 시작했다. 도굴된 고려청자의 값은 하루가 다르게 치솟았다. 좀 좋다 싶으면 기와집 한 채 값을 호가했다.[20]

　일제시대 평양박물관장을 지낸 고이즈미 아키오小泉顯夫는 한일합병을 전후로 일본인들이 대거 몰려들어 앞다퉈 마치 금광을 탐색하듯 조선의 분묘를 마구 파헤쳤음을 알리고 있다. 당시에는 '무덤 안에서 금닭이 운다'는 등의 기담까지 널리 퍼졌다.

---

20 『한국 문화재 수난사』, 이구열, 돌베개, 1996년

"고분 도굴의 참상은 병합[1910년] 전후부터 내지인[일본]들이 조선의 촌村 까지 파고들었다. ~일확천금을 꿈꾸고 한국에 온 일본인들이~ 묘 속 에서 금닭이 운다든가 하는 전설의 고분을 요사이 유행인 금광이라도 파는 것 같은 생각으로 파들어간 것 같다."[21]

우리 문화재의 수호신이었던 간송澗松 전형필全鎣弼, 1906~1962은 국보 제68 호 '청자상감운학문매병'을 구입하기 위해 1935년 기와집 15채 값[1만 4,580원]을 지불했다. 지금 가격으로 환산해 서울 시내 10억 원짜리 아파트로 치자면, 150억 원의 어마어마한 금액이다.

고려청자의 존재와 아름다움이 골동품 애호가들뿐 아니라 일반인들에 게도 알려지기 시작했지만 값이 너무 비싸 보통사람들에게는 그야말로 '그림의 떡'이었다. 고려청자가 이렇게 인기를 끌자 고려청자 수집가 도미타 기사쿠富田儀作, 1859~1930는 진남포에 '삼화고려소'를 만들고, 1908년부터 자신이 수집한 고려청자를 모델로 재현 청자를 만들어 일본으로 보냈다. 그는 재현 청자를 만들 사기장을 일본에서 데리고 왔는데, 그 당시 조선에는 청자를 만들 줄 아는 사기장이 없었다고 판단한 것으로 보인다.

우리나라 사기장들은 주로 경기도 광주 분원리의 관요나 지방의 민요에 서 백자를 만들었다. 따라서 대부분은 고려청자의 존재를 몰랐다. 따라서 어떻게 생겼는지, 어떻게 만드는지도 알지 못했다.

조선시대 전 기간에 걸쳐 청자에 대한 무관심 상태에서 500여 년 동안 끊 겼던 청자의 부활은 일본인 학자와 상인들의 관심에서 시작되었다. 일제강점

21 「조선」 '205호', 1932년

기의 타율적인 근대화 진행 과정에서 일본인들은 한국의 공예품에 대한 관심을 가지고 있었으며 이러한 관심은 청자를 재발견할 수 있는 단초가 되었다. 조선에 있던 일본인들의 고려청자에 대한 수집은 일명 '고려자기 열광'에서 출발하여 고려청자 재현품 생산 노력으로 이어졌다.[22]

그럼 도미타 기사쿠는 어떻게 해서 청자 재현에 뛰어들게 되었을까. 도미타는 평안남도 남부에 위치한 진남포의 '지역적 특수성'을 이용하여 자본을 축적해간 대표적인 일본인이었다. 진남포는 부산, 원산, 인천보다 훨씬 늦은 1897년 목포와 함께 개항된 곳이다. 대동강 하류의 한적한 시골 마을에 불과했던 이곳은 개항 전에는 일본인들이 크게 주목하지 않았지만 개항 이후 개발이 기대되는 곳이었기에 일본인들이 많이 몰렸다.

아래에 소개하는 이야기는 아리타 역사민속자료관의 관보인 계간 「사라야마皿山」 78호[2008년 여름호]에 실린 데라우치 겐이치寺内謙一의 글 '고려청자와 하마다 요시노리전高麗靑磁と濱田義德伝'에서 일부 발췌한 내용이다. 데라우치 겐이치는 성씨와 글의 내용으로 보아 초대 조선 총독이었던 데라우치 마사타케寺内正毅, 1852~1919와 같은 가문 사람으로 보인다.

1910년 조선이 일본에 병탄된 직후 데라우치 마사타케가 조선 총독으로 취임했을 무렵, 도미타 기사쿠는 데라우치 총독에게 "첨단 도자 기술을 도입하여 고려청자를 부흥시켜 조선에서의 산업 육성을 위해 사업 생명을 걸고 노력하겠다"며 이를 위한 사기장 파견을 요청했다.

이토 히로부미의 고향 후배였던 데라우치는 청자라면 사족을 못 쓸 정도로 좋아했던 이토로부터 청자에 대해 익히 전해 들어 잘 알고 있었기에 도

---

22 『사회연구』7호, 「'고려자기'는 어떻게 '미술'이 되었나 – 식민지시대 '고려자기 열광'과 이왕가박물관의 정치학」,박소현, 2006년

한양고려소 찻잔(위)과 제품 상자. 뚜껑에 '漢陽高麗燒'라고 표기돼 있다.

미타의 말은 아주 솔깃한 제안이었다.

고려청자에 대한 관심을 불러일으킨 장본인으로 유명한 이토 히로부미는 1906년 3월 통감에 취임한 이후 수집에 진력하여 1,000여 점이 넘는 고려청자를 수집했다고 전한다. 그가 반출한 도자기 중 우수한 103점은 일본 왕실에 헌상되었다.

고려자기의 도굴을 조장한 최악의 장물아비는 뭐니 뭐니 해도 1906년 초대 조선통감으로 부임한 이토 히로부미였다. 일본의 도자전문가 고야마 후지오小山富士夫의 회고담을 보자.

"이토 히로부미의 취임 이후 (고려자기)를 수집하는 이가 격증해서 1912~13년 사이 수집열이 절정에 이르렀다. 당시 그 발굴 판매로 생활해온 자가 수백 명이었다. …… 발굴·발견된 고려도자의 총수는 몇 십만이라고 헤아리기 곤란할 것이다."

- 고야마 후지오의 『고려도자서설』 중에서

이토는 있는 대로 고려자기를 싹쓸이했다. 일왕가와 귀족들 사이에서 고려자기는 최고급 선물로 통했다. 이토가 수집한 완품의 고려자기는 1,000여 점이 넘었다고 한다. 이토가 당시 일왕에게 상납한 최고급 도자 103점은 현재 도쿄박물관에 소장돼 있다.

이토의 하수인은 니타新田라는 인물이었다. 이토는 니타에게 "고려자기를 보이는 대로 다 사들이라"는 명을 내렸다. 이토가 귀국했을 때 자신의 회계원에게 "이만큼의 고려자기를 사는 데 얼마나 들었는가"를 물었다. 회계원이 10만 원이 조금 넘는다고 하자 이토는 그 회계원을 칭찬했다.

"그만한 돈으로 이 정도의 고려자기를 모았단 말인가."

사학자 이홍직 선생은 일본의 민간인 소장 고려자기만 2만 점이 넘는다고 기록했다. 지금 국내 모든 박물관과 민간 소장의 고려자기를 모두 합친다 해도 2만 점에 불과하다는 것을 감안해보면 그저 참담할 따름이다.

한편 데라우치는 도마타 기사쿠의 제안을 받아들여 일본 사기장을 추천받았는데 그가 하마다 요시노리濱田義德, 1882~1920다. 하마다의 아버지는 하마다 로쿠로浜田六郎, 1865~1911로 구마모토 현熊本県 야쓰시로八代에서 하마다 가마를 운영하고 있었다.

하마다 가마의 도조는 임진왜란 때 경남 사천四川에서 끌려간 존해尊楷, 일본 발음으로는 손카이다. 존해는 200여 명의 조선인 포로와 함께 일본으로 끌려가 히젠에서 머물다가 호소카와 다다오키細川忠興, 1563~1645가 새 다이묘가 되면서 고쿠라小倉로 갔다. 그곳에서 아가노 기조다카구니上野喜蔵高国라는 새 이름과 녹봉을 받고 1602년 아가노 가마上野窯를 열었다. 이후 존해의 세 아들 후손들에게 기술을 배워 세워진 방계 가마들이 있는데 하마다 가마가 여기에 속한다.

특이할 만한 사실은 고려 멸망 이후 단절되었다고 알려진 상감청자의 기법이 존해의 손에 의해 장남인 주베에忠兵衛에게 전해졌고, 그 후손들은 대대로 청자를 만들어왔다는 점이다. 지금도 규슈 고다가마高田窯 종가에서는 일본 열도 전체를 통틀어 가자 우수한 상감청자를 만들고 있다. 다만, 이 가문의 청자는 오랜 기간 현지화 과정을 거친 터라 고려청자의 비색과는 색감에서 차이가 있다.

그런데 이런 존해의 후손에게 청자를 배워 가마를 만든 사람의 아들이 일제강점기에 조선으로 들어와, 명맥이 끊어진 고려청자를 재현하는 일에 나선 것이다. 이 얼마나 비통하고 처절한 사연이 아닌가. 이 사실들은 아직 국내 어떤 곳에서도 밝혀진 적이 없는 이야기다. 이 책에서 비로소 처음으로 발표하는 것이다.

통한의 사연은 여기서 그치지 않는다. 잘 알려진 대로 고려청자를 재현해 낸 우리나라 대표적인 사기장의 한 사람은 해강 유근형이다. 나중에 자세히 기술하겠지만 해강은 열여덟 살이던 1911년 일본인이 운영하는 한양고려소漢陽高麗燒에 취직해 도자기 일을 시작했다. 그런데 이 한양고려소가 바로 도미타 기사쿠가 1911년 서울 묵정동에 세운 청자 공방이다. 그러니 해강은 도미타의 초청으로 조선에 건너온 하마다 요시노리에게서 처음으로 청자에 눈을 뜬 셈이다.

당시 일본인 공장에서는 조선인들에게 기술을 가르치지 않고 단순 작업만 시켰다. 해강 역시 도자기를 칼로 파내 무늬를 만드는 상감 작업을 하면서

삼화고려소의 청자 향로

도 일본인 기술자의 유약 배합을 곁눈질로 익혔다고 한다.

그런데 「사라야마皿山」 78호의 글은 '요시카쓰가 나중 인간문화재가 되는 유근형에게 고려청자 기법을 3년에 걸쳐 전달한 것으로 알려졌다美勝は後に人間文化財となる柳海剛に高麗青磁の技法を3年にわたり伝えたという'고 기술하고 있다.

지적하지 않을 수 없는 것은 이 기술이 명백한 오류이자 심각한 역사 왜곡이라는 사실이다. 여기에는 해강에게 고려청자 기법을 전달한 주체가 요시노리도 아닌, 그의 동생 요시카쓰로 돼 있다. 요시노리는 1920년 1월, 당시 유행했던 스페인 독감에 걸려 37세 젊은 나이에 사망했기 때문에 그의 동생이 형이 했던 일을 이어받았다. 그러나 해강이 한양고려소에서 일을 한 것은 1911년부터 1916년까지의 5년간이고, 요시카쓰가 조선에 들어온 것은 1915년의 일이었다. 그러니 요시카쓰가 해강을 지도했다고 하는 것은 성립될 수 없는 이야기고, 설사 해강이 가르침을 받았다고 해도 요시카쓰가 아닌 그의 형 요시노리여야 한다.

요시노리가 도미타가 기다리는 진남포 공장에 아내와 아이를 데리고 간 것은 1911년 8월이었다. 그는 도미타에게서 고려청자 부흥을 위해 결의에 찬 말을 듣고서는, "신명을 걸고 반드시 성공시킵시다"라고 답했다고 한다.

진남포의 '삼화고려소三和高麗燒'는 처음에 도미타 농장이 있던 한두리에 있었으나 1920년에 억양기리로 옮겼다. 조선의 전통을 살려 도자기 사업의 개량과 진보를 위하고 있다는 명목으로 조선총독부로부터 2천 엔의 보조금을 받았고, 평안남도도 매년 사업비로 700엔을 보조했다.[23]

당시 조선에서 고려청자는 고분에서 도굴된 것이 아니면 새롭게 등장하

---

23 『진남포부사(鎭南浦府史)』, 마에다 리키(前田力) 편저, 진남포부사발행소(鎭南浦府史發行所), 1926년

는 물건이 없었다. 조선에서 산출되는 원료와 함께 숙련된 기술이 합쳐져야 비로소 고려청자가 만들어지는 것인데, 그런 필요충분조건을 충족시킬 수 없었던 것이다.

이에 하마다도 침식을 잊고 연구에 연구를 거듭하고, 계속되는 실패를 맛보는 고투 끝에 약간의 희망이 보이기까지는 2년여의 세월이 흘렀다고 한다. 그리고 어느 날 신불神仏에게 빌다 가마를 열어보니 마침내 훌륭한 청자가 얼굴을 내비쳤다는 것이다.

이에 도미타는 요시노리의 노력에 감사하며 첫 작품들을 총독부에 선물했고, 청자들은 총독부 귀빈실을 장식했다. 진남포의 삼화고려소 실적이 증가하고 어느 정도 수익을 내자, 도미타는 경성에도 '한양고려소'를 설립해 고려자기를 생산했다.

요시노리의 동생 요시카쓰도 아리타공업학교를 졸업하고 1915년 6월 진남포를 방문했다. 데라우치 총독은 하마다 형제를 총독부에 초청하여 요시노리에게 '려산麗山', 요시카쓰에게 '려봉麗峰'이란 호를 내렸다. 일제강점기 조선에서 이런 일화를 낳은 아가노 가마의 후예, 하마다 가마의 흔적은 현재 야쓰시로 하치만마치八幡町에 남아 있다.

한편 도미타는 고려자기뿐 아니라 조선 고미술에 상당한 관심을 갖고 있었다. 러일전쟁 당시부터 고려자기 원산지 조사에 착수하여 1908년 황해도 옹진에 고려자기 유적이 있음을 발견하고 바로 이를 매수할 정도였다. 1918년에는 통영에서 칠기를 만드는 '통영칠공주식회사'를 설립했고, 경성 남대문 '이왕직李王職조선미술품제작소'를 인수받아 1922년부터 영업을 시작했다.

'이왕직'은 일제강점기 이왕가李王家와 관련한 사무 일체를 담당하던 기구를 말한다. 이왕직의 이李는 조선 왕실의 성姓인 전주 이씨를 지칭하고, 왕王은 일본의 왕실봉작제의 작위명爵位名을 의미하며, 직職은 업무를 담당하는 직관職官이란 의미이다. 이왕직은 1910년 망국과 함께 대한제국황실大韓帝國皇室이 이왕가로 격하됨에 따라 기존의 황실 업무를 담당하던 궁내부宮內府를 계승하여 설치되었다. 조선총독부가 아닌 일본의 궁내성宮內省에 소속된 기구였다.

'이왕직조선미술품제작소'는 창덕궁 황실에서 사용하는 공예품의 수요에 부응하기 위해 1908년 설립되었다. 조선시대 궁중에 공예품을 납품해왔던 관官 수공업 체제의 해체와 당시 생산 수단의 기계화로 인한 공예품의 질적 퇴조에 대응하여 왕실 고유의 전통기물을 제작하려는 의도였다.

일본인들이 위와 같이 재현 청자를 만들기 시작할 즈음, 대한제국 정부도 1907년부터 관립 공업전습소에 2년 과정의 도기과를 설치해 학생을 모집했다. 나라를 빼앗긴 후에는 이왕직조선미술품제작소에 도자부를 설치했고, 1908년에 설립된 이왕직박물관에 소장된 고려청자의 재현품을 만들어 판매하기 시작했다. 도기과 졸업생들과 조선시대 경기도 광주의 관요에서 일하던 사기장들이 만든 청자였다.

아직은 유약을 어떻게 배합해야 고려청자의 고유색인 비색翡色이 만들어지는지 몰라 색이 탁했다. 하지만 고려청자의 재현에 관심 있는 젊은 사기장들이 하나둘 나타나기 시작하는 계기가 되었다.[24]

24 「미술사논단」 29호, '18·19세기 일본 자기의 유입과 전개 양상', 최경화, 한국미술연구소, 2009년 12월

CHAPTER
2

고려청자
부활의 시작

1

일제의 조선 도자산업
말살정책

일본인 설립 요업공장의
폭발적인 증가

일제는 일찍부터 조선의 도자산업을 그들의 요구에 부합할 수 있는 이권 산업으로 관장했다. 그것은 조선이 천혜의 도자 원료 산지인 동시에 도자 제조 기술의 모국이라는 입장을 반영하여 조선의 도자산업을 식민 공업정책의 기조로 삼았기 때문이다. 뿐만 아니라 이미 국내 시장을 잠식하여 수요층을 확보해놓은 일본 사기의 수출을 증가시켜 상품 소비시장으로 활용함으로써 제1차 세계대전 이후 자본난에 휩싸여 있던 일본 금융계에 보탬이 될 것으로 판단했다.

이런 해결책은 일본 자본력을 회생시키는 문제에 그치지 않았다. 본질적으로는 조선백자의 정체성을 말살하여 일본 자기를 조선에 깊숙이 침투시키는 결과를 초래하게 되었으니 궁극적으로는 문화말살정책으로 활용되었다고 할 수 있다. 더불어 한국 도자기에 애착을 갖고 완상玩賞하는 풍조가 만

연해지면서 이론 관학자들의 밀도 있는 한국 도자사 연구가 진행되는 한편, 앞에서 도미타 기사쿠의 예를 이미 본 것처럼 청자 재현 작업이 재한 일본인들 사이에 성행했기 때문에 우리는 전승도자의 생산 주역으로서의 위치마저 박탈될 처지에 놓인 것이다.

일제는 강점을 전후한 시기부터 조선 도자산업을 잠식하면서 자국 산업에 유리한 방안들을 모색했으며, 그것은 일제가 시행한 체계적인 도자 정책을 통해 구체적으로 시행되었다. 일제 도자 정책은 총독부 식산국 부속 연구기관인 관립중앙시험소 요업부와 이왕직조선미술품제작소 및 이왕직박물관 등이 주도했다.

특히 1912년에 문을 연 중앙시험소는 요업부가 정식 업무를 수행하기 시작한 1913년부터 총독부 측이 요구하는 사안을 가장 효과적으로 수행한 대표 관서였다는 점에서 각별히 주목된다.

중앙시험소는 조선의 민간 가마를 일본 스타일로 바꾸는 데 앞장섰다. 한 예로 당시 여주군 오금리에는 분원 관요 출신 마지막 사기장 일부가 조선

서울 광화문 네거리에 있던 이왕직조선미술품제작소 모습

1930년대 초 여주 도자기 공동작업장 전경. 사진 출처 중앙시험소 보고서

백자의 전통을 잇고 있었는데, 1930년대 초 중앙시험소가 총독부의 예산 지원을 받아 오금리에 공동 작업장을 설치하고 가마 개량과 기계 구입을 비롯, 일본 기후 현에서 숙련된 기술자 2명을 초빙하여 개량된 일본 사기를 본격 생산함으로서 조선 분원 도자의 전통이 끊어지는 결과를 가져오게 됐다.[01]

서울 동숭동에서 문을 연 시험소는 처음 10여 명의 연구원으로 출발했으나 점차 규모가 확장되어 1938년 무렵에는 전문 연구진만 112명에 달했다. 그러나 95% 이상이 일본인이었고, 조선인은 전 부서에 1명 정도 충원되는 데 그쳤다.[02] 그러니 시험소에서 개발한 고급 기술이나 정보 등은 거의 모두 일본인이 독점했다고 할 수 있다.

게다가 조선의 흙마저 일본으로 가져가면서 조선 땅에서는 도자기를 만들 원료가 고갈되는 사태가 나타나게 되었다. 식민지 조선을 원료 공급지로 활용하는 차원에서 시작한 원료 조사는 1910년대부터 체계적으로 시행되었고, 종국에는 '장래의 조선 도토朝鮮陶土는 일본 도토日本陶土의 생명선生命線'이

01 「여주도자기 시험」 보고서, 총독부 중앙시험소, 1932년
02 『조선총독부 중앙시험소 개요』, 조선총독부, 1937년

1917년 「매일신보」에 실린 '중앙시험소를
방문한 영친왕, 재현 청자에 기념 휘호'(위),
일제강점기 중앙시험소 요업부(아래)

라고 공식 규정하기에 이른다.[03]

총독부의 입장에서도 짐작되듯이 조선산 원료들은 분명 일본 요업계에 중대한 영향을 미치고 있었다. 특히 1930년대 중반 이후의 시험소는 원료연구소, 도립공업시험소, 지질조사소 등과 공조하여 다양한 원료 유출 방안들을 본격적으로 협의했다. 뿐만 아니라 총독부 상공과, 광산과 등과도 수시로 협의하여 새로운 요업자원 개발 및 유출을 결정했다.

이에 따라 도토의 유출이 심화되면서 결국 원료의 고갈 사태가 예견되기에 이르렀다. 그러자 각 도청에서 이를 조절하거나 근절하기 위한 '원료보유도토지대'

지정을 건의했지만 수용되지 않았다. 그리하여 조선의 도자기 흙은 1940년대에 접어들기도 전에 고갈 사태를 맞이하게 된다.[04]

일제는 자국의 시국 상황에 부합하는 도자 정책을 시행한다는 기본 철

03 「매일신보」, 1933년 10월 28일자
04 『조선총독부중앙시험소보고서』15, 「조선산요업원료류조사개요」, 야마자키 토오루(山崎亨), 조선총독부, 1934년

칙 아래 대략 10년 단위로 변화하는 양상을 보였고, 이 정책들로 인해 당시의 제작 구조는 이전과 다른 방향으로 흘러갔다. 우선 1910년대는 대한제국을 강점하는 데 성공했지만 세계대전의 여파에 따른 일본 내 자본시장 불균형으로 인해 일본 기업의 조선 진출이 드물었고, 총독부 또한 '조선회사령'으로 조선 내에 공장 설립 허가를 차단했다.

이런 상황에 의해 요업부는 도자산업 부흥에 발판이 될 수 있는 조사와 연구에 매진했다. 대표적으로 전국의 도자기업 실태 파악과 도자기 원료 산지에 대한 조사 및 연구 개발이 이어졌다. 이 시기 조선인들은 일제의 이 같은 폐쇄정책에 따라 도자기 공장을 설립하는 데 많은 차질을 빚었고, 생산 또한 백자보다 상사기常沙器[05]와 옹기 등 저급품 생산에 치중했다.

전 세계적으로 금융공황기를 맞이하여 일본의 조선 내 자본 진출이 원활했다고 보기 힘들고, 공업 전반의 약진은 불투명해 보였다. 그러나 도자산업은 1910년대 후반의 회사령 폐지와 원시 가공업 및 농촌 가내공업의 육성이 드러나면서 이전에 비해 전반적으로 활력이 생겨났다.

특히 이 시기부터 일본 실업가들이 설립한 대형 공장의 수가 매년 증가했고, 조선인들 또한 이에 동참하는 분위기여서 생산고는 1910년대의 서너 배에 달했다. 요업품은 1911년 생산액이 117,600원에 불과했지만 1925년에는 10,304,790원으로 대략 100배 가까이 증가했다.[06]

또한 각종 공예전문학교와 도자 강습소들이 전국에 생겨나고 보통학교에서도 도자공예 실습 교육을 실시했으며, 요업협회 창립과 다양한 문화공

---

05 품질이 낮은 흰 빛깔의 사기
06 『조선자본론(朝鮮資本論)』, 자원연구사(資源硏究社), 1928년

'광무 육년(光武 六年)'을 새긴 백자 문방구. 분원에서 만든 백자 문방구로 바닥의 명문으로 '광무 6년 음력 5월 양근분원(楊根分院)'에서 제작했음을 알 수 있다. '광무 6년'은 대한제국 시기다. 백자 몸체에 바다 물길 속 반용(蟠龍)의 모습과 만(卍)자 무늬, 매화와 대나무 무늬, 모란과 월계화 등과 같이 1897년 대한제국 선포 후 국가의 위용과 재도약 의지를 담은 여러 문양으로 장식했다.

간에서의 도자기 전시 등으로 일반인들도 도자 문화의 식견이 넓어졌다.

그런데 실제 생산액을 차지하는 상품은 일본인이 생산한 산업자기가 대부분이었고, 조선인들이 운영하던 지방 가마의 생산력은 그다지 높지 못해 수에 비해 판매력은 매우 부진했다. 요업부는 이런 생산력 차이를 극복하기 위한 수단으로서 전국 지방 가마에 공동 작업장과 도자기조합을 설립하고, 요업부 소속 기술자를 파견하여 기술력을 전수하기 시작했다.

난항에도 자생력이 발현된 조선인 사기장들의 활약

이러한 제도 장치는 전국으로 확산되지 못했고, 그나마 운영된 공동체들조차 일본의 감독 하에 제품이 생산되는 등 운영상의 문제를 안고 있었지만 이로 인해 자생력이 발현된 조선인들은 1930년대 후반 이후 점차 독립체를 운영할 수 있는 발판을 마련해가기 시작한 것으로 보인다.

일제강점기 조선백자는 문화말살정책의 대표적인 표적이 되었기에 이 시기 백자는 미감과 용도 면에서 소박한 일상 생활용기로 전락하는 수난을 겪었다. 1920년대에 들어서면서 광주 일대의 분원 가마는 그 잔영마저 사라졌고, 부근 지역들도 마찬가지였다. 이외 다른 지역의 가마 실태는 더욱 처참할 수밖에 없었을 것이다. 이로써 1920년대 전반의 백자는 일제의 일본 사기 정책에 항거하여 싼값으로 대항했던 상사기보다 시장 점유율이 낮았다.

반면에 옹기와 도기, 상사기는 하층민을 중심으로 크게 보급되었다. 일제 제약이 느슨하고 생산 여건이 백자에 비해 한층 수월했던 이들 물품은 생산 주체가 대부분 조선인이었다. 따라서 자급자족 형태나 가내수공 방식으로 생산된 이들은 생산량이 꾸준히 증가했다.

특히 총독부가 주류정책을 의식하여 옹기 및 도기 생산을 권장하고, 1930년대 이후에는 이들에 대한 개량 실지지도를 지원하게 되자, 해방 직전까지도 이들은 간헐적이나마 생산이 이어졌다. 뒤에서 자세히 보겠지만 이렇게 겨우 명줄만 살아남았던 옹기공장으로 인해 우리 도자산업이 부활하게 된다.

1930년대는 일제강점기 이후 가시적인 사업적 성과가 가장 뚜렷했던 대공업기로 분류된다. 도자산업도 부흥하여 생산고와 공장 수가 그 어느 시기보다 증가했다. 그러나 이미 산업 자체의 주도권이 일본에 장악된 상태였으므로, 일본인이 운영하는 대규모 공장들이 고수익을 차지하고, 조선인들은 기술과 자본, 생산력의 한계를 여전히 극복하지 못하고 있었다.

이런 가운데 1929년에 시작된 세계공황 여파로 일본 자본주의는 경제적 위기를 맞았다. 이를 타개하고자 중국 본토를 점령하기 위해 일으킨 만주사변[1931], 중일전쟁[1937] 그리고 제2차 세계대전 참전으로 인해 한반도를 병참기지화하면서 서서히 판도 변화가 생겨났다.

1930년대 중반을 기점으로 도자기는 생산뿐만 아니라 원자재의 일본 유출이 그 어느 때보다 극심해지면서 전국적으로 원료 고갈 사태를 초래하기에 이른다. 앞에서 언급했다시피 1933년 「매일신보」에는 '경비 2만 원으로 요업 원료를 조사 : 장래의 조선 도토는 일본 도토의 생명선'이란 기사가 등장했다. 일본에서 도자기를 만들 도토를 미리 조선에서 최대한 수탈하겠다는 총독부의 의지가 엿보이는 대목이다.

1930년대 후반에 이르자 일제는 전시 물자 생산을 우선하기 위해 도자 생산의 자율성마저 완전 박탈했는데, 이 영향으로 도자기가 일시적으로 품귀 현상을 빚기도 했다. 여기에 태평양전쟁의 소용돌이에 휘말리기 시작한 1930년대 말 무렵부터 해방까지 노동력 확보를 위해 강제 동원한 징용 조선인이

약 100만을 넘어섰으므로, 도자기 생산 인력 역시 턱없이 모자랐을 것이다.

그럼에도 도자기 생산액은 일제강점기 이후 꾸준히 증가하여 1939년 기준으로 4억 원을 돌파했다. 전체 공업 생산액에서 요업이 차지하는 비율 또한 증가세였다. 이는 전적으로 일본인들이 경영하는 대규모 공장들이 수출을 겨냥하면서 생산성을 꾸준히 유지시켰기 때문이지 않나 싶다.

물론 조선인 전용 물품을 생산하는 전국 200여 소규모 공방들도 열악한 환경 속에서나마 여전히 운영되고 있어서 이에 어느 정도 기여는 했을 것이다. 무엇보다 해방 무렵까지도 유일하게 생산을 멈추지 않은 옹기가마가 이에 크게 기여했을 것으로 보인다.

1940년대로 넘어오면서 해방이 가까워지는 시점에서는 상사기 생산도 중단되었고, 옹기나 도기를 소량 생산하는 데 그쳤다. 그렇지만 이처럼 절박한 상황에서도 조선인 실업가들에 의해 중소형급 산업자기 공장들이 하나둘씩 생겨나 현재 한국 산업도자사의 발판을 다지게 되었다. 밀양제도사^{1939, 나중 밀양도자기}, 행남사^{1942, 나중 행남도자기}, 충북제도사^{1943, 나중 한국도자기}가 바로 그들이다.

이들 공장들의 설립 환경은 그 어느 때보다도 열악했지만 일본 전세가 기울어가는 데서 기인한 가능성이 제시되었기 때문으로 보인다. 산업도자에 대한 한국인들의 인식이 꾸준히 고취되어왔고, 총독부 역시 합병회사 및 합자회사의 수가 급격히 줄어드는 것을 의식해 공장 설립 허가를 비교적 수월하게 내주었다.

'재현 청자'의 등장

앞에서 본 것처럼 일제강점기에는 백자와 산업도자, 옹기와 상사기 등이 시장 경제성과 정치 상황에 맞물려 생산의 성쇠가 결정되었다. 그런데 이들 기종들과 구별되는 새로운 도자 영역이 출현했다. 바로 재현을 목적으로 생산된 청자였다.

고려청자는 앞에서 말한 대로 1894년 청일전쟁 당시 주둔한 일본군과 개성 일대에서 인삼을 채취하기 위해 들른 일본인 상인들에 의해 세간에 대중적으로 알려지기 시작했다. 그러다 통감부가 설치되고 이토 히로부미가 고려청자 수집에 혈안이 되면서 청자는 일본 관료들의 일반화된 상납품이면서 이왕직박물관을 비롯한 각계각층의 소장품으로 완전히 자리잡게 되었다.

고려청자의 존재가 알려진 이후 이를 소유하고자 하는 욕구는 일본 지배계층에 국한되지 않았다. 일본에서 건너온 골동품 상인들은 상당량의 고려청자들을 빼돌려 본국의 부호들을 유혹했고, 조선 거류 일본인들도 주요 대도시에 골동품 상점을 개업하여 고위층을 대상으로 본격적인 판매에 나섰다. 물론 조선인들 역시 이 열풍에 편승해 한몫 잡기에 나섰다.

우리 문화재 수난사를 30년째 연구하고 있는 정규홍 씨에 따르면, 일제강점기 골동품상 이희섭李禧燮은 1934년부터 1941년까지 도쿄와 오사카에서 '조선대공예전람회'를 7차례 열고, 전람회 한 번에 우리 문화재 1,500점에서 3,000점을 전시하고 모조리 팔아치웠다고 한다. 7차례 전람회에 진열된 문화재가 무려 1만 4,516점으로, 도록을 7권 만들었는데, 도록에 실린 문화재 일부가 일본 국보와 중요문화재로 지정됐다.[07]

이뿐 아니라 이희섭은 서울에 '문명상회'라는 본점을 두고 도쿄와 오사

---

07 「서울신문」 2018년 8월 21일자

12세기 고려청자. 원숭이모양묵호(墨壺, 먹물 담는 항아리)

카에 지점을 개설해 우리 문화재를 상설 전시해 팔아먹었다고 한다. 이렇게 그 한 사람에 의해 일본으로 팔려나간 문화재가 최소 3만 점에서 5만 점에 이를 것이라는 것이 정씨의 주장이다. 임진왜란에 이어 다시 한 나라의 문화재가 통째로 강탈된 것이다. 그런데 이번에는 한 개인에 의해 자행된 '만행'이라는 사실이 다르다. 여기에 고려청자의 해외 수출을 목적으로 설립된 한미흥업주식회사韓美興業株式會社08까지 가세하면서 청자 소유 열기는 최절정에 이르렀다.

그런데 고려청자는 가격이 높아 쉽게 구입할 수 있는 대상이 아니었다.

08   1908년에 이효직(李孝稙)이 서울에 설립한 무역회사

12세기 고려청자.
어룡모양주전자(魚龍形注子).
국보 61호

그러자 진품 청자를 구입하지 못한 일본인들은 이에 대한 미련이 남아서 유사품이라도 소유하고 싶은 욕구를 가지게 되었다. 이 분위기가 계속해서 이어지자 일본 실업가들은 청자를 재현하여 일본인들에게 판매하는 사업을 자연스레 구상했다. 실제 1908년 무렵부터 통감부의 협조와 배려 속에서 청자 재현 사업이 시작되었다. 물론 그 첫 출발은 앞에서 본 대로 도미타 기사쿠에 의해 시작되었다.

'재현 청자' 생산은 도미타의 삼화고려소 이후 이왕직조선미술품제작소, 중앙시험소, 공업전습소 등에서도 동일하게 확산되어 나갔다. 1920년대로 접어들게 되면 고려청자는 '신고라이야키新高麗燒'라는 별칭을 얻으며 생산이 보다 활성화되었고, 각종 전람회를 통해 명품으로 인정받는 등 최고의 입지를 굳혔다.

이 시기에 운영된 10여 개의 청자공장들은 대부분 일본인들이 운영했다. 그것은 일본인 공장에서 다년간 제작 실무를 익힌 유근형1926년 영등포, 황인춘

12세기 고려청자. 용머리장식붓꽂이(透刻龍頭飾筆架)

1929년 영등포, 한수경1930년대 개성 등이 1920년대 중반 이후에 청자공방을 설립하기 이전까지만 하더라도 청자 제작의 주역이 일본인이었음을 대변한다.

재현 청자는 제작자와 공장에 따라 양식상의 큰 차이는 없었지만 시기가 흐를수록 일본화가 되어가는 특징을 보였다. 용도와 시기에 따라 전승식과 외래식의 증감 현상이 확연하게 나타나는 것이다. 이 시기 청자가 혼돈의 시대에 휩싸여 있던 정치와 경제, 사회적 여러 요소들이 복합적 작용을 하여 열풍을 일으킨 '시대의 산물'이었기 때문에 일본화 경향을 띠는 것이 당연했는지 모른다.

1910년대의 재현 청자 양식은 이왕직조선미술품제작소 도자부에서 생산한 '비원자기秘苑磁器'를 통해 일부 파악된다. 비원자기는 고려청자의 옛 기법을 재현하여 창덕궁 후원에서 제조한 것으로 비록 골동품은 아니지만 품질만은 최상급으로 간주되어, 헌상품만이 아니라 일본 왕족이나 여타 귀빈에 대한 선물용 또는 하사품으로도 곧잘 이용되었다.

1918년 1월에는 이왕세자영친왕가 서울에 왔다가 일본으로 돌아가는 편에 일왕에게 올리는 여러 헌상품들을 함께 꾸렸는데, 그 목록에는 '요지연도瑤池宴圖 병풍'과 '비원근제秘苑謹製양각청자화병'이 포함되었다.

「매일신보」 1919년 4월 3일자 기사는 다음처럼 보도하고 있다.

　　작년 4월부터 시작한 '비원자기'는 매우 평판이 좋아서 문인묵객이 비
　　상히 환영을 하는데 '비원자기'라 하는 것은 종래 이왕가에서 예전에
　　사기 굽던 법을 연구한 결과로 비원에서 구우는 것인 고로 시중에서 파
　　는 것과는 딴판이라 하더라.

이왕직조선미술품제작소에서 만든 비원자기 당초문주발.
이화여자대학교박물관 소장

　이들 비원자기는 전반적으로 순수 전승식을 유지하는 가운데 일부 고대 중국 청동기 양식과 일본식을 절충했다. 그런데 1920년대 이후 일본인 청자 공장에서 제작한 일련의 청자들은 고려청자 본연의 고유성이 급격히 변질되어 나타난다. 그것은 청자 양식에 일본적인 요소를 한층 가미하여 일본 고객들의 구매력을 향상시키려던 상술이 점차 반영되었기 때문으로 추정된다.

　따라서 1930년대에 생산된 대부분 청자들은 '재현' 차원에서 제작되었다기보다는 '모방' 혹은 '변질된 재현' 작품이라 할 수 있다. 이런 경향은 점차 심화되어 일부 조선인이 만든 청자를 제외하면 대부분 제품들이 청자로서의 특징을 상당 부분 상실한 것이라 할 수 있다.

일제강점기 때 사기장의 모습

일본이 개인의 창의 개발과 전문 도예가를 배출시키려는 진보적 취지를 내걸었던 조선미전 공예부에서도 이런 경향이 반영되어 입상작의 90% 이상이 재현 청자로 채워졌다. 당연히 이들은 전승 청자에서 크게 벗어난 작품들로, 일본 작품을 모방해 출품하는 경우도 나타났다.

해강 유근형 '청자운학문주병' 해주도자박물관 소장

2 칠기가마는 하늘의 뜻이런가?

이천 도자기의 역사적 배경

앞에서 보았듯 1883년 분원이 민영화되면서 조선 도자산업은 쇠퇴 국면을 맞았다. 관요에 종사하던 사기장들이 전국 각지로 흩어져 사발과 대접 등 막사기를 만들어 생계를 유지하게 되면서 우리 전통 도자 제조는 사실상 사라지기 시작했다. 조선 말부터는 도자산업의 쇠락과 함께 갑작스런 서양 문물 유입으로 우리 전통 기법이 도자 제조 현장에서 반영되지 않는 경향이 나타났고, 일부 사기장들은 자주성과 독창성을 상실한 채 일본인이 운영하는 공장에서 청자를 만들었다.

그러다가 한국전쟁이 끝난 1960년대가 되면 한국의 도자산업은 새로운 양상을 띠게 된다. 이 시기를 기점으로 이천, 여주, 인천 등지에서 가마를 다시 개설하고 고려청자 및 조선백자의 모방과 아류 제작에 불이 붙게 된다.

우리나라 도자기 역사는 기원전 6,000~5,000년 무렵 신석기시대의 인류가 농경의 시작과 함께 빗살무늬토기를 처음 만들어 사용하면서 시작한다. 이천 지역 도예의 기원 역시 이곳에서 토기가 처음 만들어지기 시작한 선사 시대부터 찾아야 할 것이다.

1997년 12월부터 이듬해 4월까지 서울대학교박물관이 이천시 의뢰를 받아 문화유적 지표조사를 실시하면서, 이를 통해 관내 선사 유적들에 대한 개괄적 조사가 처음으로 이루어지게 됐다. 조사 결과 그때까지 알려져 있지 않았던 구석기시대 유적들이 상당수 뚜렷하게 밝혀졌다. 그 반면, 신석기 유적은 이천시 갈산동과 진리동 두 지역에서 그물추가 발견되어 그 존재 가능성만 확인된 상태다.[09]

기원전 10세기 무렵부터 시작되는 청동기 유적지는 이천 지방에도 넓은 지역에 분포되어 나타나고 있다. 우선 지석묘들이 위치한 백사면 현방리와 신둔면 지석리, 남정리, 도암리 지역 외에도 부발읍 신원리에서도 새로운 지석묘의 존재가 확인되었다. 또 이미 밝혀진 효양산 외에도 장호원읍 오남리 청미천변과 대월면 군량리, 백사면 우곡리, 설성면 행죽리 등지에서 무문토기, 붉은 간토기편들과 마제석기 유물들이 출토되었다.

1998년 3월부터 단국대학교 매장문화재연구소가 설봉산성 발굴 조사를 실시하면서 삼국시대 후기부터 조선시대에 이르는 많은 유물들이 쏟아져 나와 주목을 끌었다. 특히 1999년 3월부터 실시한 2차 발굴조사에서는 서쪽 성벽을 조사하는 과정에서 새로운 문지門址가 모습을 드러냈다. 이 문지 주변에서 다량의 백제시대 토기들이 출토되었고, 이미 알려진 견해와 달리 설봉산성은 백제가 제일 먼저 쌓은 성이라는 사실이 밝혀졌다.

09 「이천시의 문화유적」, 1988년

백제토기들은 굽다리접시高杯, 고배와 완盌, 삼족기三足器를 비롯하여 각종 형태의 항아리, 시루, 병, 심발형토기深鉢形土器10, 파수把手11 등으로 종류가 다양하고, 삼국시대 후기 신라와 통일신라시대 것들까지 포함하면 수백 점에 달하는 분량이었다. 설봉산성에서 출토된 다량의 백제와 신라 토기는 이천 도자기 역사를 설명하는 데 있어 매우 중요한 자료가 된다.

당시의 토기 제작은 성 안이나 가까운 주변 지역에서 그때그때 필요에 따라 직접 만들어서 사용했던 것으로 보인다. 따라서 앞으로의 발굴 성과에 따라서는 설봉산성 근처에서 토기 제작의 현장인 가마 유적이 발견될 가능성도 있다.

빗살무늬토기에서 시작된 원시토기는 고화도 번조 기술로 발전하여 경질토기硬質土器로 바뀌고, 다시 그 위에 고화도 유약을 씌운 회유도기灰釉陶器로 이어진다. 회유도기 제작의 탄탄한 기술력을 바탕으로 통일신라 후기인 9세기 무렵부터 청자가 만들어지면서, 우리나라는 일찌감치 자기 문화 시대를 예고하게 된다.

중국에서 7~8세기에 완성되었던 청자를 한반도에서는 그보다 2세기가량 늦은 9세기 중엽 무렵에 만들기 시작했고, 곧이어 백자 제작도 이루어졌다. 고려 왕조로 접어들면서 눈부신 발전을 이룩한 청자는 12세기에 와서 절정을 이루며, 독특한 상감 기법이 나타나는 것도 이 무렵부터의 일이다.

그러나 이웃 용인군에 대규모 고려자기 유적지가 남아 있는 것과 달리, 이천 지방의 경우는 고려시대의 자기 생산을 뒷받침할 만한 흔적이 남아 있

10 속이 깊은 바리 모양 토기
11 그릇 같은 것의 손잡이

지 않은 탓에 이 시기에 관해서는 알려진 것이 없다.

조선시대 전기에는 새로운 양식의 조선백자와 함께 분청사기 제작이 활발하게 이루어졌다. 특히 조선백자의 대표적 산지였던 사옹원司甕院 분원이 광주에 자리잡게 되는 15세기 중반 이후가 되면, 이천 지방에서도 도자기 생산이 시작되어 지역 특산물 수준까지 이르게 된다.

15세기 초반의 각 지방 사정을 기록한 『세종실록지리지』에는 전국 139개의 자기소磁器所와 185개의 도기소陶器所 이름이 나와 있지만 그 가운데는 이천이 아직 포함되어 있지 않았다. 그런데 중종 25년¹⁵³⁰ᵉ에 간행된 『신증동국여지승람』에는 이천의 특산품으로 백옥白玉과 함께 도기를 손꼽고 있다. 문헌상으로 볼 때 세종조 이후부터 발생한 이천 도자기가 16세기 초반에 오면 지역 특산물로 손꼽힐 만큼 활발한 생산 단계로 접어들었음을 알 수 있다.

16세기 중반에 나온 『동국여지지』에도 백옥과 도기, 석회石灰, 밤을 이천 특산물로 손꼽았다. 그런데 이보다 약 1백 년이 뒤진 17세기 중반의 『여지도서』에는 도기가 '옛날에는 있었지만 지금은 없다古有今無'라고 하였다. 이처럼 관계 문헌의 근거를 종합해보면 이천 도기는 대략 15세기 후반부터 17세기 초반에 이르는 100~150년 정도의 전성기가 존재했던 것으로 추정된다.

1979년부터 이천문화원이 추진해온 문화재 지표조사를 통해서도 기록을 뒷받침할 수 있는 조선시대의 가마터가 관내의 여러 지역에서 확인되고 있다.¹² 조선시대 도자기 제작을 뒷받침하는 유적지는 다음과 같다.

12 『이천도예촌(利川陶藝村)』, 이인수, 이천문화원 향토문화조사보고서, 1994년

① 사음리 사기막골 백자 가마터

도자기 마을이 자리잡은 수광리水廣里와 사음동沙音洞 지역은 지금은 택지 개발로 모두 없어지고 말았지만 1980년대 초만 해도 백자 가마터의 흔적이 남아 있었다. '사기막'이란 지명이 가마터 존재를 뚜렷하게 뒷받침하며 출토되는 자편磁片은 백자가 주류를 이룬다.

자편에 의한 연대 추정은 조선 중기에서 말기까지다. 부락민들에 의하면 순백자 외에도 청화백자 파편들도 간혹 눈에 띄었다고 하는데 확인된 예가 아직 없다. 구전에 의하면 사기막은 예전에 가마터가 5군데나 있던 곳으로, 이곳 사기장들은 광주 분원에 징발당했다고 하며, 사음 2동의 경우는 현재 사기막골 자기마을이 형성되어 있다.

② 해월리 사기실 백자 가마터

이천문화원이 1981년에 '사기실'이란 지명에서 착안하여 현지 조사를 통해 확인한 마장면 해월리蟹越里에서도 조선 전기에서 후기까지 상당 기간 활발한 도자기 생산이 이루어졌다. 가마터 위치는 사기실 부락 10여 호 남짓한 농가 서북 편으로 산기슭에 이어진 평평한 밭 일대다. 표면이 불에 녹아서 반들반들하게 된 가마 안 벽을 쌓았던 흙덩이들과 함께 백자편들이 널려 있어 많은 양의 백자가 생산되었음을 알 수 있다.

밭 상단으로 산기슭에 접해서 둥근 지붕 일부가 남아 있는 가마 자리의 흔적도 확인되었는데, 이 일대는 해발 411.4m의 건지산乾芝山이 우뚝 솟아 있어 도자기를 굽는 데 필요한 땔나무 채취가 손쉬울 뿐 아니라 양질의 점토가 지층을 이루어 가마터로 적합한 지형을 이루고 있다. 제법 세련된 솜씨의 각종 제기류를 비롯한 대접류의 백자편을 조사한 결과 형태와 빛깔 면에서 고려자기에서 조선백자로 옮겨가는 시기의 특징이 나타나고 있어 조선시대 초기의 백자 가마터로 추정된다.

③ 해월리 점말 가마터

사기실에서 동남쪽으로 500m쯤 떨어진 건지산 동쪽 기슭에 위치한 점말 가마터에는 지명에서 착안하여 1981년 처음으로 기초 조사가 이루어졌다. 밭에서 이어진 산기슭에 완연한 가마의 형체가 남아 있는데, 대략 동서를 축으로 하여 폭이 약 6m, 길이 10m가량으로 동쪽을 향하여 축조되었다. 남아 있는 상태만으로도 둥근 봉통아궁이 형태를 쉽게 알아볼 수 있으며, 지붕을 쌓은 내벽도 표면이 불에 녹은 상태로 남아 있었다.

부근에서 발견되는 자편들은 순백자 외에도 유약을 입히지 않고 고온에서 구워내어 표면이 녹은 갈색 계통의 석기, 석간주 유약을 입힌 흑색이나 녹색 계통의 자기들도 발견되어 흔히 제기나 막사발류의 생활용기들이 중심이었던 다른 지역 가마터와 구별된다. 조선시대 초기에서 중기의 가마로 추정된다.

특히 이곳은 건지산 주봉 기슭으로 이어진 가마터 흔적이 뚜렷하게 남아 있어 향토 유적으로 보존해야 할 가치가 있는 중요한 유적지로 손꼽혀왔다. 그러나 건지산 비탈을 깎아내고 스키장과 눈썰매장 시설을 만들면서, 가마터 정면으로 스키장 진입로를 내는 바람에 그 흔적이 모두 사라져버렸다.

④ 마옥산 백자 가마터

모가면 산내리 마옥산磨玉山 주봉 기슭에 위치하고 있는데 가마터 일대가 지금은 밭으로 변모되어 있다. 다수의 백자 파편들과 함께 고열로 표면이 용해

된 가마 벽을 쌓았던 점토 덩어리들이 출토되고 있으며, 기형은 주로 사발과 접시, 주병 종류들이 많다.

⑤ 관리(冠理) 가마골 가마터

지명이 '큰 가마골', '작은 가마골'로, 가마터의 존재를 뒷받침하고 있다. 마을 진입로 우측 야산 기슭에 가마 자리의 흔적이 일부 남아 있고, 주로 막사발류의 백자편들이 출토되고 있으며, 드물게 인화분청 자편들도 눈에 띈다. 이곳은 지형적으로 광주시 도척면과 경계를 이루는데 도척면 일대에도 다수의 백자 가마터들이 분포되어 있어 상호 연관관계를 추정해볼 수 있다.

자기 생산과는 별도로 곳곳에 옹기를 제작했던 가마들이 산재했음을 출토품과 지명을 통해 유추할 수 있다. 그중에서도 신둔면 수광리와 백사면 조읍리 점말, 백사면 모전리 점촌, 장호원읍 풍계리와 노탑리 등지는 한국전쟁 이후 60년대까지 옹기 제작이 이루어졌다. 특히 신둔면 수광리 지역은 당시 '대단히' 건실한 솜씨의 칠기 제품이 만들어지고 있어 50년대 말부터 태동기에 접어든 현대 전통 도자 발생에 결정적 역할을 한다. 이 이야기는 바로 다음에서 보도록 하자.

도자기 제작에 있어 가장 중요한 요소는 역시 질태토과 유약의 원료가 되는 양질의 흙이다. 품질이 우수한 도자기를 만들기 위해 조선시대 사옹원에서는 전국 각지에서 원료를 가져다가 시험적으로 사용했다. 숙종 때에 양구, 봉산, 진주, 충주, 이천 등지의 백토를 사용한 기록[13]으로 미루어 보면, 이천 백토가 양질로 손꼽혔음을 알 수 있다.

---

13 『이조백자(李朝白磁)』, 「백자론(白磁論)」, 정양모, 중앙일보사 '한국의 미 2', 1978년, 189쪽

또 성종 24년[1493] 기록을 보면 당시 사옹원 제조提調[14]로 있던 유자광柳子光이 가마의 모형을 만들어 와서 임금에게 보고하기를, 새로운 가마를 만들기 위해서는 "이천 점토를 써야 하니 부근의 고을을 시켜 흙을 사기소로 옮겨오도록 해서 시험할 수 있도록 해달라"는 대목이 보인다.[15] 백자의 원료인 백토뿐만 아니라 가마를 쌓는 데 있어서도 이천 점토가 양질로 손꼽혔던 것이다.

앞에서 말한 것처럼 사음동 사기막골에는 옛날 이 마을의 사기장들이 광주 분원으로 차출되어 관요 도자기 제작에 참여했다는 말이 전해지는데, 『여지도서』「군병軍兵」조에도 '사옹원 장인보匠人保 30명'이라 하여 구전을 뒷받침하는 기록이 나온다. 또 헌종 8년[1842]에 간행된 『이천부읍지』와 그 후 고종 연간에 나온 읍지에도 '사옹원 장인보 30명' 차출의 기록이 있다. 이들은 주로 분원 관요로 차출되어 일정 기간 동안 도자기 제작에 참여했을 터이므로, 이들을 통해 관요의 고급 기술이 이천 사기장들에게로 자연스럽게 전파되었을 가능성이 크다.

이렇게 조선조 후기부터 구한말까지 계속해서 이천 사기장들이 사옹원에 차출되고 있는 상황으로 미루어, 당시 기술 인력인 사기장 집단이 뚜렷하게 존재했던 사실을 알 수 있다. 이는 이들을 통해 어떤 모습으로든 계속적인 도자기 생산 작업이 이루어져왔음을 말해준다. 이들 차출 사기장들을 통해 상당 수준의 고급 기술이 전파되고, 근세까지 눈에 드러나지 않는 이천 도예의 맥을 이어왔던 것이다. 이후 개항기부터 일제강점기 그리고 한국전쟁으로 인해 피폐해질 대로 피폐해진 상황에 대해서는 앞에서 이야기한 바와 같다.

---

14 조선시대 중앙 각 사(司) 또는 청(廳)의 우두머리가 아니면서 각 관아의 일을 다스리던 직책
15 『성종실록』권 277, 성종 24년 5월 18일(신사)조

부활의 시작,
성북동 가마와 대방동 가마

해방 이후 한국전쟁으로 이어지는 극심한 사회 혼란기를 거쳐 1950년대 중반으로 접어들게 되자, 학계와 미술계 인사들을 중심으로 전통 도예를 부활시키려는 움직임이 일어났다. 1955년 10월 13일에는 한국조형문화연구소, 세칭 '성북동 가마'가 설립되어 문을 열었다.

성북동 가마는 옛날 분원에서 일하던 사기장을 찾아 분원 백자를 본뜬 백자를 제작하기 위한 목적으로, 미국 록펠러재단의 재정지원을 받아 발족되었다. 당시 국립박물관장초대이었던 김재원金載元, 1909~1990과 미술사가 최순우崔淳雨, 1916~1984 **16**가 설립을 주도했다. 이사장은 이상백, 이사는 간송 전형필, 김재원, 홍종인언론인, 민병훈이 맡았다. 이 연구소는 성북동에 있는 전형필 소유의 땅인 보화각葆華閣 뒤 산골짝에 가마를 세웠기 때문에 '성북동 가마'로 불린 것이다. 또한 간송이 선도적인 역할을 함으로써 '간송요'라 불리기도 했다.

성북동 가마는 판화가이자 도예가인 정규鄭圭, 1923~1971가 연구원으로 가마를 관리했고, 일제강점기에 일본인 도자기 제작소에서 기술을 익힌 당시 몇 되지 않는 기능인들이 실무 제작진으로 참여했다. 이임준, 지순탁나중 고려도요 설립, 유근형 등이 그들로, 우리나라 현대 전통 도예의 새로운 움직임을 태동시켰다.

당시 여주 군수의 추천으로 성북동 가마와 인연을 맺은 이임준은 그때 이미 환갑이 넘은 노인이었지만 구한말 광주 분원리 가마 출신 사기장으로

---

16 최순우 역시 4대 국립박물관장을 지냈다. 『무량수전 배흘림기둥에 기대서서』(1994)의 저자다.

우리나라 최초의 사립미술관인 보화각 전경.
지금의 간송미술관으로 성북동 가마는 바로 이 미술관 뒤에 만들어졌다.

전통적인 청화백자 특기가 있었고, 그가 그리는 청화의 필법은 조선 관요 때의 그것 그대로였다고 한다.

이임준은 한때 면장을 지내다 여주 오금리에서 재래식 오름가마를 짓고 자영도 하였다고 하나 여의치 않아 그만두고 그저 가마터 마을 촌로로 소일하다가 뜻하지 않게 성북동 가마에 오게 된 것이다. 그런데 유근형 아들 2대 해강 유광열柳光烈, 1942~의 증언에 의하면 그는 여주에서 요강을 만들다 백자로 전환한 사람이었다. 당시 여주에는 요강 공장이 많았다. 그러니 '이천은 칠기, 여주는 요강'으로 그 특징을 지을 수 있다. 어쨌든 이임준은 자신이 직접 제품을 제작하기에는 지나치게 노쇠했고, 조수의 도움을 받는 것도 힘에 부쳐서 일 년이 채 안 되어 다시 여주로 내려갔다.

성북동 가마는 1957년 국립박물관에서 전시회를 갖는 등 활발하게 활동했지만 록펠러재단의 지원이 중단됨으로써 재정이 어려워져 실무 사기장들이 빠져나가고 명패만 남았다가 1962년 아쉽게도 문을 닫았다.

성북동 가마가 생긴 다음 해 1956년에는 대표적 친일 조각가인 윤효중尹孝重, 1917~1967에 의해 한국미술품연구소, 세칭 '대방동 가마'가 생겨났다. 도쿄미술학교 출신인 윤효중은 홍익대학교 미술학부 창설에 참가하여 미술학부장, 국전 심사위원, 예술원 회원, 대한미술협회 부위원장 등을 지냈다.

그러나 1942년 조선미술전람회에 전쟁 승리를 기원하는 일본의 전통 풍습을 소재로 한 '천인침千人針'을 출품해 특선을 차지하고, 1944년 결전미술전에도 역시 친일 조소 작품을 출품했다. 아울러 일제 어용 교육기관인 '시국대응전선사상보국연맹大和塾'[17]에서 미술을 지도하며 가미카제 특공대 소상을 제작했는데, 첫 작품이 당시 마지막 조선총독이었던 아베 노부유키阿部信行 아들을 묘사한 '아베 소위상'이었다. 이렇듯 친일 행적이 뚜렷해 민족문제연구소가 정리한 『친일인명사전』에 수록됐다.

대방동에 가마가 세워진 것은 우리나라 근대 요업의 시발점이 대방동이었던 것과 관련이 있다. 1882년 임오군란 때 대거 추방되었던 한양의 일본인들은 1883년 이후 남산 아래로 자신들의 거주지를 만들기 위해 돌아왔다. 이들 중에는 요업 전문가들도 있었다. 집이나 건물을 지으려면 기와와 벽돌이 필요했고, 전선을 지지하기 위해 사용하는 절연물인 뚱딴지도 많이 필요했다. 이것을 만든 것이 한반도에서 시작된 근대적 요업이다.

19세기 말 일제강점기에 서울을 비롯한 여러 도시에서 요업공장이 자리를 잡았는데 고려요업, 조선요업, 경성요업 등의 회사가 대표적인 공장들이다. 이들 공장은 대부분 일본인 소유였지만 생산 라인에서 실제 흙을 다루는

---

17 1938년 조직된 친일 전향자 단체로 일제가 민족운동이나 좌익운동과 관련된 사상범의 보호 관찰과 집단 수용, 조선인의 황민화를 실현하기 위해 활동했으나 1940년에 해체되었다.

장인은 모두 조선인이었다. 이들 중에는 도자기나 옹기를 만들던 사람도 제법 많았다.

요업 공장에서는 뚱딴지는 물론이고 술도가에서 쓰는 세무서 검정檢定의 옹기 술독, 지금의 안국동 일대 개량 한옥을 짓는 데 사용한 기와 등을 만들어냈다. 바로 이러한 요업공장이 대방동 일대에 있었던 것이다. 그러니 윤효중의 한국미술품연구소가 대방동에 자리잡은 것은 지극히 당연한 일이었다.

대방동 가마 구성원을 보면 성북동 가마에서도 일했던 지순탁이 공장장 격으로 옮겨갔고, 성형부에는 유창곤나중 서창도예연구소 설립, 고명순, 조춘성, 윤덕중, 윤돈중이 일했다. 조각부에는 역시 성북동 가마에서 옮겨간 유근형과 최인환, 김완배와 김종호나중 송월요 설립 부자 외에도 최인석, 김문식나중 사음요 설립, 윤석준나중 윤석준도예연구소 설립, 현무남 나중 현암요 설립, 박수만, 이종열 같은 신진 사기장들이 참여했다. 소성부에는 고명순과 최인석이 겸임했고 그 외에 유하상이 있었다.

대방동 가마는 '우리나라 도자공예의 전통을 이어받아 현실 생활에 조화되는 도자기를 만들고자 고려청자와 조선백자의 재현을 위해 노력한다'는 취지로 설립된 것이었으므로 백자와 청자를 함께 만들었다. 또한 수출을 위한 다양한 도자 제품 생산에도 비중을 두면서 고려청자 재현에 힘을 쏟았다.

대방동 가마는 이승만 전 대통령도 몇 번 다녀갈 만큼 관심이 컸다고 한다. 대방동 가마에 참여했던 유창곤의 아들로 2016년 이천시 명장이 된 녹원 유용철의 증언이다.

"대방동 가마는 직원 사택이 있었던 모양이다. 생전의 어머니께서 당

시 이승만 대통령이 몇 차례 다녀갔는데 여자들은 집 밖에 나오지 못하

게 하여 창호지에 구멍을 뚫고 몰래 엿보았다는 말씀을 해주셨다.”

대방동 가마에서 제작된 작품들은 1956년 12월에 동화백화점 화랑에서 전시되었는데, 이 전시는 우리나라 최초의 도예 전시였다. 그러나 대방동 가마 역시 도자기 수요 창출에는 실패해 경영난에 빠지면서 기업으로 성장하지 못하고 2년 만인 1958년 문을 닫고 말았다. 그리하여 모처럼 한자리에 모일 수 있었던 당시의 일급 장인들이 모두 새 일자리를 찾아 뿔뿔이 흩어졌다.

이때 지순탁, 고명순, 김완배 등이 일할 곳을 찾아 이천의 수광리 칠기^桼^器가마로 내려오게 되니, 이렇게 이천 도예촌 역사가 시작된다. 당시 정말 열악한 상황에서 밥벌이를 할 마땅한 곳이 이천 옹기공장밖에는 없었던 터라, 이들을 따라 윤석준, 현무남, 유창곤, 박수만 등 젊은 사기장들도 모여들었다. 그런 옹색함에서 오늘날 이천 도자기의 싹이 움튼 것이니 정말 감개무량한 장면이다. 유근형 역시 이듬해인 1959년 수광리로 온다.

칠기는
무엇인가?

이천 수광리 칠기가마가 언제부터 생겨났는지는 뚜렷하게 알려진 것이 없으나, 1900년 이전부터 칠기를 제작하던 가마들이 있었던 것으로 추정된다. 여기서 말하는 칠기는 옻칠을 한 목기를 말하는 것이 아니라 옹기의 한 종류를 일컫는다. 옻을 칠한 것처럼 검은 색 윤기가 났기 때문에 칠기라 불린 것이다.

칠기는 흔히 오지그릇으로 불리기도 한다. 붉은 진흙으로 만들어 볕에 말린 뒤 위에 오짓물을 입혀 높은 온도로 구운 그릇으로, ‘오지’는 오자기^烏

옹기를 팔러 다니는 봇짐장수

甕器의 준말로 검은 빛을 띤 데서 나온 말이다.

오늘날 이천이 우리나라 현대 도자기의 메카가 된 것은 칠기가마 덕택이라고 해도 전혀 과언이 아니다. 다시 말해 칠기가마가 천만다행으로 이천에 있었기 때문에 오늘날 '유네스코가 선정한 공예 도시 이천'이 가능해진 것이다. 그러므로 이천 도자기 역사는 당연히 칠기가마 이야기로부터 시작해야 한다.

칠기는 옹기의 일종이라고는 하지만 물레 성형을 하고 굽깎기를 하는 것이나 재벌구이를 하는 점 등 제작 기법이 자기 쪽에 가깝다. 따라서 칠기 제작은 옹기보다 한층 세련된 고급 기술을 필요로 한다. 칠기의 질은 보다 정선된 사토와 점토를 사용했으며, 반대로 유약이나 손가락을 사용해서 무늬를 그려 넣는 장식 기법은 옹기에 가까웠다.

옹기는 정형 후 반건조된 기물에 유약을 시유한 직후 엄지손가락을 주로 이용하여 유약을 긁어서 자연스런 느낌이 나는 난초 등을 그린다. 또 다른 방법은 성형 직후 물레를 돌리면서 손가락을 기물에 대서 선線 무늬를 나타내는 것으로 옹기의 장식 기법은 계획된 디자인에 의한 것보다는 기분에 의해 손 가는 대로 문양을 넣고 있다. 따라서 옹기공장에는 장식만을 담당하는 조각실이 따로 없다.

칠기의 종류로는 크기에 따라 대항, 삼등, 사계, 오계로 불리는 항아리와 단지류가 주를 이루었고, 뚝배기나 초병, 푼주[18], 제기 같은 식기류들도 만들어졌다. 가장 큰 대항이 높이 30㎝가량, 오계의 경우는 10㎝ 내외의 아주 작은 양념단지를 말한다.

칠기는 크기와 형태에 있어서도 일반적인 옹기류보다 백자 쪽에 가까웠기 때문에, 처음에는 백자를 굽던 이 지역의 사기장들이 보다 만들기 쉽고 실용성 있는 옹기 제작 기법을 도입하여 칠기를 탄생시킨 것으로 추정할 수 있다.

다시 정리를 해보자면 품질로 보았을 때 1순위가 백자, 2순위가 칠기, 3순위가 옹기가 된다. 일반 서민들의 경우 일제강점기에 들어와 옹기를 쓸 수밖에 없게 됐으나 옹기보다는 좀 더 나은 모양과 품질의 그릇을 원하는 욕구에 의해 자기 기법을 도입해 만든 것이 칠기라고 할 수 있다.

특히 간장 등 양념류를 주로 담아야 하는 부엌살림의 경우 옹기는 엉성한 구조로 인해 액체가 밖으로 새어나오므로, 백자처럼 단단해서 새지 않고 찬장을 더럽힐 염려가 없는 칠기 그릇이나 단지들이 절대적으로 필요했다.

---

18 밑은 좁고 아가리는 넓게 짝 바라진 사기그릇

이런 수요가 일제강점기를 거쳐 1950년대까지 이어져 내려온 것이다.

1955년에 발행된 『이천대관利川大觀』에는 당시 이천 지역의 공장 현황 중 요업공장이 모두 4개소가 있다고 했다.[19] 그러나 1997년 「이천시지」 편찬을 위해 당시 이인수 이천문화원 사무국장이 이 책의 뒷부분에 수록된 광고란을 통해 확인한 결과, 4개가 아닌 6개소의 이름을 확인할 수 있었다고 한다.

이들 6개 공장은 모두 명칭이 토기공장으로 되어 있지만 신둔면에 있었던 2개 공장은 칠기를 생산하였음이 확인되고 나머지 네 곳은 옹기를 생산했던 것으로 보인다는 것이 이인수의 주장이다. 당시 신둔면 칠기가마 위치는 수광 1리의 미나리 칠기가마현 수광리 12번지 일대와 수광 2리의 칠기가마나중 광주요로 변신가 있었다고 한다.

생전 이현승李現勝, 1914~1993의 증언에 의하면 1900년 이전부터 칠기가마가 존재했던 것으로 보이고, 수광 1리의 미나리가마가 가장 먼저 생겼으며, 수광 2리 칠기가마는 홍재표洪在杓, 1932~2014 선친 홍순환에 의해 이보다 늦게 만들어졌다고 한다. 수광 1리 가마를 운영했던 이현승 아들로, 이천도자기조합 이사장에다 이천도자기축제추진위원회 대표도 맡았던 이대영李大榮, 1954~은 이렇게 기억한다.

> "겨울이면 이천 지역의 거지들이 모두 우리 칠기가마에 모여들어 살았다. 가마가 흙벽돌로 만든 것이라 추위를 막아주었고, 또 칸칸이 나뉘어 있으므로 어느 정도 사생활도 보장됐기 때문이다."

19 『이천대관(利川大觀)』, 이천대관편찬위원회, 1955년, 60쪽

공장명	소재지	대표자
신둔토기공장	신둔면 수광 1리	이현승(李現勝)·고장근(高長根)
신둔토기공장	신둔면 수광 2리	한인석(韓寅錫)
검호토기공장	장호원읍	정현영(鄭炫永)
마장토기공장	마장면	황용선(黃龍善)
마장토기공장	마장면	김기영(金基榮)
백사토기공장	백사면	박기순(朴氣淳)

출처 「이천시지」 5(사회와 문화), 2001년

한편 지정희池貞姬[20]의 1988년 이화여대 석사논문 「한국 전승도자의 현황 : 경기도 광주군·이천군을 중심으로」에서는 수광 1리의 칠기가마가 나중 임일남2018년 사망의 '성전요星田窯'가 되었다고 기술하고 있으나 이는 잘못된 내용이다. 이현승이 운영했던 수광 1리 가마는 1965년 신상호申相浩, 1947~에게 넘어간 뒤 도방요陶房窯가 되었고, 이대영의 증언 역시 성전요와 아무런 상관이 없다고 했다. 성전요는 훗날 이대영의 이모부이자 도예가인 정규가 잠시 동안 운영했던 가마에서 비롯됐다고 한다. 이현승은 1965년 이후 새로 조선요朝鮮窯를 만들었다.

또한 이대영은 선친이 운영했던 칠기가마가 미나리가마라고 불리는 것과 관련해 미나리꽝 주변에 있는 가마라고 해서 그렇게 불렸다는 얘기가 있지만, 실제 가마 주변에는 미나리꽝이 없었다며 왜 그렇게 불렸는지 모르겠

20　경기도 무형문화재 제4호 지순탁의 딸이다.

• 　이천에서 생산된 칠기. 해주도자박물관 소장

•• 　수려도요 이현승 칠기가마에서 생산한 칠기

다고 한다.

지금의 수광리라는 이름은 '수북'과 '광현' 두 마을을 합치면서 지어진 것이고, 수광 1리의 자연부락 옛 이름이 '미나리'였다. 따라서 미나리가마는 미나리 마을의 가마를 말한다. 그런데 미나리는 '물나리'라고도 불리고, 나중에 새로 지어진 '수광리'라는 이름 역시 우연찮게 물이 많은 곳을 뜻하게 되었으니 그 인연이 예사롭지 않다.

가마의 대표가 선친 이현승과 고장근으로 두 명으로 돼 있는 것에 대해서 이대영은 "처음에는 같이 운영했지만 고장근 씨가 곧 그만두었다"고 기억했다. 또 그에 따르면 고장근은 또 다른 칠기공장의 주인인 고승술^{뒤에서 자세히 기술}의 먼 친척이었다고 했다. 그렇지만 수광 2리 가마의 대표자 한인석은 누구인지 알지 못했다.

이대영의 동생으로 현재 도예가로 활동하고 있는 한얼 이호영^{1961~}의 증언은 보다 구체적이다.

"1940년 이전부터 외할아버지는 세 분이 공유하는 칠기가마를 가지고 계셨다. 시간이 되는 대로 돌아가며 도자기를 굽는 방식이었다. 그런데 가마의 주인 한 사람이 그만두면서 아버지가 가마를 인수하셨고, 마지막에는 외할아버지의 지분까지 인수하여 해방 전에 가마의 소유주가 되셨다. 한국전쟁이 일어나면서 당시 서울에 거주하시던 아버지는 처갓집인 가마터의 자리로 피란을 와서 자리를 잡게 되었다. 한국전쟁 이전에는 문경, 장호원, 현재 광주요 자리에도 칠기가마가 있었는데 한국전쟁이 끝나고 나니 칠기가마가 모두 사라진 상태였다. 그렇지만 이천의 칠기가마는 아무런 피해가 없었고, 전쟁 이후라 그릇의 수요가 많아 돈도 많이 버셨다. 아버지는 일제강점기부터 한국전쟁을 거치면서도 계속 가마터를 지켰다."[21]

이호영은 수광 2리의 홍순환의 칠기가마 역시 선친의 칠기공장에서 일하다가 독립한 것이라고 했다. 이천을 대표하는 물레대장들인 홍재표, 이정하, 고영재가 모두 수광 1리 미나리 칠기공장에서 일했던 사람들이라는 것이다. 이들에 대해서는 잠시 뒤에서 보도록 하자. 또한 수광 2리 칠기공장의 대표자로 등록된 한인석에 대해서는 "이름만 빌려주었거나 공장을 실제 구입한 물주로 홍순환이 운영하도록 하게 했을 가능성이 높다"고 했다.

이호영은 칠기가마가 곧 청자가마라고 강조한다.

"고려시대에는 칠기와 청자가 가마는 서로 같지만 흙은 다른 것을 사용하였다. 그런데 한국전쟁이 끝나고 흙을 수비하던 시설이 부족하고 힘들기 때문에, 1960년대에 와서는 칠기와 청자를 같은 흙, 같은 온도로 굽게 되었다. 옛날에는 도자기에 사용되는 흙을 수비하는 데만 1년 6개월의 시간이 걸렸기 때문이다. 1960년대 이전에는 까만 칠기 도자기를 집집마다 사용했다. 찬장에 있던 까만 항아리, 막걸리 마실 때 사용하던 까만 그릇이 칠기다. 이 칠기는 중국에서는 검은 그릇, 흑자라고 하여 아직도 작품으로 만들어지고 있다. 그러나 상감청자가 재현되고 편리한 그릇들이 들어오면서 칠기에 대한 수요가 사라졌다. 도자기를 굽는 입장에서도 수익이 더 되는 것을 굽다 보니 칠기를 굽지

---

21 「월드코리안뉴스」 2018년 10월 8일자 인터뷰

이천 칠기가마에서 생산한 칠기. 해주도자박물관 소장

않게 됐다."[22]

뒤에서도 설명하겠지만 칠기가마는 자기처럼 계단식이고, 만드는 방법도 흙을 수비하고 청자와 같이 초벌과 재벌 두 번 굽는다. 하지만 옹기는 통가마 단가마이고 흙을 수비하지 않고 한 번만 굽기 때문에 일이 상대적으로 쉬워 전 국에 가마가 많은 반면 칠기는 기술도 있어야 하고 공정도 힘들어 가마가 적 었다.

1960년대 이전부터 운영되어오던 옹기가마는 광주군 산이리에 두 곳, 이 천군 장호원읍에 두 곳이 있었다. 광주군 산이리의 경우 1960년대에는 4개 의 공방이 있었으나 1981년에 한 요장이 폐쇄되었고, 그 지역에서 가장 규모 가 큰 다른 한 공장도 1987년 문을 닫아 현재 두 공장만이 작업을 하고 있다.

이렇게 생활필수품이었던 옹기의 수요가 1980년대에 급감한 이유는 새 로운 식기의 등장, 식생활의 변천 등이 큰 이유였다. 게다가 이 시기에 가스가 마에서 구운 광명단산화납이 들어간 유약을 바른 옹기가 몸에 좋지 않다는 인식이 퍼져 전국의 많은 옹기가마가 문을 닫았다. 결정적으로 김치냉장고의 보급 은 그 나마의 수요도 없애는 결과를 초래했다.

광주의 두 옹기공장은 전통적인 기법이 그대로 계승되어 독물레로 성형 을 했으나, 이천의 두 공장은 독물레와 석고를 이용한 제형물레jiggering를 병 행했다. 독물레는 점토를 바로 물레 위에서 작업하여 그릇을 만들지만 제 형물레는 석고 틀을 올려놓고 석고 틀에 점토를 넣어 회전하면서 그릇을 만 든다.

---

22 「월드코리안뉴스」 2018년 10월 8일자 인터뷰. 다만 고려시대에 칠기와 청자가 같은 가마를 사용했다는 주장은 이견이 있을 수 있다.

옹기·칠기·자기의 특징 구분

	옹기	철기	자기
질흙(태토)	점토	사토 : 점토 = 1:1	사토, 점토, 도석 등
성형 — 물레	독물레	목물레	목물레, 전기물레
성형 — 물레 위치	반지하식	지상식	지상식
성형 — 성형 방법	타렴법	물레 성형	물레, 석고, 주입 등
성형 — 심부름꾼	데모도	데모도, 거나꾼	거나꾼
굽깎기	X	○	○
장식 기법	잿물 치기 직후	잿물 치기 직후	(반)건조, 초벌 후
장식 기법	엄지손가락	2-5번째 손가락	조각도, 붓, 전사지
장식 기법	난초문	새, 난초문	동식물, 산수, 문자
유약	약토, 재, 광명단, 망강	약토 :재 = 1:2	매우 다양
채	100목	120목	150-180목
소성 회수	1	1 혹은 2	2
온돌 유무		○	○
가마 — 구조	통굴식(횡염식)	연실식(도염식)	연실식, 입체가마
가마 — 연료	잡목, 소나무, 기름	잡목, 소나무	소나무, 가스, 전기, 기름
가마 — 바닥	경사면	경사면	계단식
가마 — 이름	칸가마(오름가마)	칸가마	도염식 입체가마
가마 — 이름	용가마(대포가마)	오름가마	칸가마(오름가마)

이런 제형물레의 도입은 독 만드는 기술이 점차 사라져가는 과도기적 현상이라 할 수 있다. 독 만드는 기술자인 '독대장'이 드물어지자 작은 기물은 석고를 이용해 대량으로 제작하고 큰 기물만 독물레로 성형한 것이다.

전반적으로 옹기공장은 자기 공방에 비해 전통을 유지하고 있다. 특히 임금 제도가 그렇다. 옹기공장은 예부터 내려오는 방법으로 '선돈'을 주어 먼저 계약을 하고, 독대장이 제작하는 기물 수에 따라 임금을 계산하는 '가리제'를 택하고 있다.

이천의 칠기는 이천 전역에 산재해 있는 사토와 이천군 신둔면 고척리의 점토를 반반씩 섞어서 얼개미^{40목 정도의 체}에 걸러서 사용했다고 한다. 목木물레로 성형하고 굽을 깎아 1차 굽기를 한 다음 잿물 치기를 하고, 엄지손가락을 제외한 네 손가락으로 날아가는 새 문양을 장식해 2차로 굽는다.

이처럼 칠기는 자기의 성형 방법과 옹기의 장식 기법을 섞은 것이 특징이다. 가마 구조는 자기를 굽는 데 주로 이용하는 칸 가마와 비슷하나 바닥에 경사도가 있고, 규모가 큰 가마를 사용했다. 칠기가마는 옹기공장에서 뚝배기 등 작은 기물을 굽는 가마와 구조상 같은 가마로 볼 수 있다.

주로 생산하는 칠기는 대항, 삼등, 사계, 오계, 알투가리 23, 초병 등이고, 그 외 푼주, 양념단지, 석유 병, 요강, 제기, 돗자리 짤 때 사용하는 고드랫돌, 전구 똥단지, 떡살 등이 생산됐다. 칠기가 사라지기 직전에는 화병도 제작됐다.

칠기의 재임^{그릇 등을 가마에 포개 놓는 것} 방법은 굵은 모래를 흙물과 섞어서 잿물

---

23 투가리는 뚝배기의 방언(강원, 경북, 전라, 충청)이다. 지역에 따라 툭배기, 툭수리, 툭박이, 투가리, 둑수리 등으로 불린다. 알뚝배기는 조그만 밥공기만 하게 만들어 달걀을 쪄 그대로 상에 올리는 용도다.

치기를 한 다음 닦지 않은 굽바닥 몇 군데에 떨어뜨려 포개놓는다. 완성된 굽의 흙 자국을 갈아내면 질흙이 보이지 않아 고급품으로 판매되었다.

1950년도 후반의 수광리 칠기가마들은 당시로서는 상당히 호황을 누리고 있었던 모양이다. 유근형의 회고에 의하면 "당시 칠기가마는 2개지만 점주가 네 사람이라 한 달에도 뻔질나게 대여섯 차례씩 굽기 때문에……" 또 "한국전쟁 이후 칠기가 인기가 있어 선돈을 내고 기다려서 그릇을 가져가는 상태여서 제법 활기가 있는 듯 했다"고 이곳에 대한 첫인상을 술회했다.[24]

한국전쟁 이후 잿더미가 된 각종 산업기반 시설들이 아직 제자리를 찾지 못했던 시절이었으므로, 요업 분야 역시 투박한 옹기보다 조금 더 세련된 형태의 칠기류가 인기 있는 상품이었음을 알 수 있다.

당시 일반 사기장 생활 사정을 살펴보면 '화주가 칠기를 한 트럭 싣고 팔러 나갈 때 도보꾼 여자 4~5명 내지 5~6명을 데리고 가서 어디든지 자리를 잡고 칠기를 부려 놓으면 여자들이 호별 방문을 하여 팔아오기 마련이었다'고 한다. 따라서 점주들은 부유한 생활을 했지만 일반 사기장들 경우는 '남자는 가마 일에 노력하고, 여자들은 여러 집을 돌며 칠기를 팔러 나갈 때 따라가서 도보를 하고, 와리를 받고, 농사 때는 농사일을 하며 근근이 생활을 하게 되는' 실정이었던 것이다.[25]

24 『고려청자(高麗靑磁)』, 유근형, 홍익재, 1987년
25 『고려청자(高麗靑磁)』, 유근형, 홍익재, 1987년

3
이천 도예촌 1세대 대표 3인과 '3대 물레대장'

이천 도예촌의 형성

이천의 전통적인 가마는 두 지역으로 분류된다. 한 지역은 사기막골이고, 다른 한 지역은 신둔면 일대다. 사기막골은 지명에서 보듯 옛날 민간 수요의 백자를 굽던 곳으로 '점뜸'이라고도 불렸다. 이곳 사기장들은 광주 분원에 자주 징발을 당했다.

신둔면은 이화여대 가마가 설립된 1961년을 전후하여 수광리 일대를 중심으로 민속도자 운동이 싹트기 시작하여 가마들이 밀집 형성되었는데 그 주축이 바로 칠기가마였다.

앞에서 말했듯 칠기가마에는 홍재표, 이정하, 고영재, 유창곤 등 이십대 후반의 젊은 사기장들이 칠기 장인으로 일하고 있었다. 이들과 대방동 가마 출신 장인들이 합류하게 되면서 서서히 이천도자기 시대가 막을 올리게 된다. 때마침 호황으로 쉴 틈 없이 그릇을 굽던 칠기가마가 숙련된 일손들을 필요로 했고, 당시의 전통 자기 장인들은 제작 과정이 유사한 칠기 제작에 있어서도 최고의 숙련된 기술자였을 것이다.

대방동에서 내려온 장인들은 처음에는 칠기가마를 통해 분청사기로 된 화분과 화병, 술병 같은 종류들을 선보였다. 1958년 홍재표가 지순탁, 고영재와 손을 잡고 부친이 하던 칠기가마 자리에 '수금도요水錦陶窯'를 열었다. 당시 수금도요에는 이들 3인 외에도 현무남玄武男, 김홍준, 서인수, 이종열 등의 젊은 사기장들이 함께 일했고, 박부원朴富元, 나중 광주 도원요 설립도 비슷한 시기에 합류하여 도예 기술을 익혔다.[26] 수금도요의 운영은 재일교포로 도예에 관심을 가지고 있었던 조소수趙小守, 1912~1988, 나중 광주요 설립와 선이 닿으면서 차츰 활기를 띠게 된다.

1965년 한일청구권협정이 체결되면서 일본인들의 한국 방문이 자유로워지자, 갑자기 일본인들에 의한 전통 도자기 수요가 증가하면서 제작과 생산도 활기를 띠게 되었다. 1960년대 초반부터 도자기 공방들도 하나 둘씩 문을 열기 시작하여 지순탁은 고려도요高麗陶窯를 설립하였고, 고영재는 방철주가 설립한 동국요東國窯 공장장으로 나갔으며, 수금도요는 조소수에게 팔려 광주요廣州窯가 되었다. 유근형은 1960년 고승술 칠기가마를 빌어 유광열과 함께 부자가 해강고려청자연구소海剛高麗靑磁硏究所를 열고 본격적인 청자 제작에 들어갔다.

한때 호황을 누렸던 칠기가마들은 전통 자기의 등장과 플라스틱 같은 새로운 재질의 식기들이 보급되면서, 판매가 어려워지자 이현승만이 남아서 칠기 생산을 계속했다. 그러다가 이 공장은 1965년 당시 도예과 대학생으로

26 홍재표 증언

토정 홍재표 '백자진사유호', 해주도자박물관 소장

나중 홍익대 교수와 미대 학장이 되는 신상호에게 넘어갔다. 이 시기부터 대학생들이 가마가 있는 이천 지역에 모여들어 1970년 중반 가스 가마의 보급으로 서울에서도 실습이 용이해질 때까지 각 대학 도예 전공 학생들의 기능 연수와 작품 제작을 위한 현대 도자 실습장 역할을 담당했다.

비슷한 시기에 판화가이자 도예가로 유명한 정규가 수광리에 오름가마를 만들어 백자에 안료로 서양화를 그려 넣는 제품을 시도했지만 큰 성과는 얻지 못했다. 정규는 미국 알프레드대학교의 도예과에서 유학을 했는데 로체스터 공과대학에서 회화를 전공하던 유강렬劉康烈, 1920~1976과 함께 수학했다. 정규는 1960년 한국민속도자공예연구소를 창설했고, 1963년부터 경

혁산 방철주 '청자상감주병'. 해주도자박물관 소장

수광 이정하 '분청사기박지철채용문호'. 해주도자박물관 소장

희대학교 요업과 교수로 재직했다.

유강렬은 성북동 가마에서 기예부 연구원으로 재직하던 중 미국 유학길에 올랐고, 나중 돌아와 사망할 때까지 홍익대 교수를 지냈다. 이 두 사람의 미국 유학이 자극이 되어 대학 교육 중심의 도예 교육을 활성화시키며 한국 현대 도예의 출발 시점에 영향을 주었다. 현대 도예가인 강수화도 수광리에 가마를 마련했다.

이처럼 칠기가마에서 기능을 숙달한 현대 도예가들이 과정이 비슷한 전통 도자기 제조에 쉽게 합류될 수 있었던 환경은 도예촌 형성에 중요한 발판이 됐다. 물론 이 지역의 입지적 조건도 **빼놓을** 수 없는 요인이다. 수광리는 원적산을 끼고 광주군 산간 지대와 연결되어 있어 땔나무의 원료인 소나무를 구하기가 손쉽고, 도자기의 원료인 점토나 사토를 쉽게 주변에서 조달할 수 있었다. 거리상으로 서울에서 가까운 점 역시 판로 개척과 관광객 유치에 적잖은 도움이 되었다.

이천 도예촌의 역사를 낳게 한 초창기의 여러 장인들 가운데 해강청자의 유근형, 고려도요의 지순탁, 광주요의 조소수, 이들 3인의 역할은 첫 번째로 손꼽을 수 있는 공적이다.

청자 재현의 영원한 명장 유근형과 대한민국 명장이 된 아들 유광열

해강 유근형은 고려시대 이후 500여 년간 단절되어 잊힌 청자 제작 기술을 복원하여 고려청자를 재현했으며, 1993년 100세로 작고할 때까지 고려청자 전통을 계승하는 데 노력을 기울인 명장이다. 오늘날 고려청자 전통을 계승 발전시킬 수 있는 것은 바로 해강 같은 인물의 피나는 노력이 있었기 때문에

1대 해강 유근형의 생전 모습

가능한 일이다. 그는 한국 근현대 도자 개척에 선구적 역할을 한 인물로 평가할 수 있으며, 고명순, 김완배, 지순탁 등과 함께 이천 도예촌이 형성되는 데 중심 역할을 했다.

해강은 1894년고종 31년 서울 후암동에서 태어나 1909년 보성중학교를 졸업했다. 보성중학교를 졸업하고 고려청자 재현에 뜻을 품고 평생을 청자 연구에 바쳤다. 앞서 보았듯 그는 한양고려소에서 조각장彫刻匠으로 일하며 상감 조각을 익히기 시작하면서 도예에 입문한 후 고려청자 재현을 위한 다양한 노력을 기울였다.

당시 일본인 공장에서는 조선인들에게 기술을 가르치지 않고 단순 작업만 시켰다. 그러나 유근형은 도자기를 칼로 파내 무늬를 만드는 상감 작업을 하면서도 일본인 기술자의 유약 배합을 곁눈질로 익히는 등 고려청자 재현에 남다른 관심과 노력을 기울였다.

청자 재현의 기초를 습득한 유근형은 일본인 공장을 나온 후 경기도 광주 분원의 사기장 출신인 김완배를 찾아 그가 은거하고 있던 강원도 양구로 갔다. 그에게 유약 제조법의 기본을 배운 유근형은 청자 제작에 좋은 질흙을 찾기 위해 황해도 봉산 관정리와 함경북도 생기령 등에서 흙을 구웠다. 또 청자 유약의 비법을 알아내기 위해 고려시대 때 청자 가마터를 수소문해서 강진을 비롯 전국의 옛 가마터를 답사했다. 유근형은 훗날 쓴 자서전에서 당시의 어려움을 이렇게 회상했다.

> '한양고려소를 그만둔 후 다섯 번째 겨울이 지났다. 그동안 고적지며 가
> 마 자리며 흙을 찾아다녔던 일들이 온통 고려청자 하나를 위한 것이려
> 니 생각하니 더 기다릴 필요가 없었다. 이제 그만치 다니며 참고 자료를
> 수집하였으니 실제로 만들어야 한다는 결심이 나를 더욱 부추겼다.'

유근형은 서울에서 제일 가까운 장소를 물색하던 중 수원 오목내에 두 군데 칠기공장이 있다는 말을 듣고 조덕수의 공장을 찾아갔다고 한다.

"그래, 당신이 이곳에 온 목적이 무엇이오?"
"내가 이곳에 온 건 오로지 도자기를 연구하기 위해서요."
"도자기 연구라? 대관절 무슨 도자기를 연구한다는 거요?"
"고려 때 그릇이오."
"고려 때라? 그래, 그게 어떻게 생긴 것이오?"
"형태도 여러 가지지만 그 파리께리한 색이 참으로 아름답소. 그것이
바로 고려청자라는 거요."

"고려청자? 난 그런 말부터 처음 듣소. 그래, 어디 고려청자를 만드는 곳이라도 있소?"

"만들긴 어디서 만들어요?"

"그러면 만드는 곳도 없다면서, 그걸 어떻게 알았소?"

"그릇은 박물관에서 보았고, 자세한 것은 역사책에서 보고 알았소."

"그래, 만들 만한 자신이 있소?"

"네, 있지요."

"그걸 만든다면 하루 이틀엔 안 되고 여러 날 될 텐데."

"그러기에 5년이고 10년이고 노력을 해야죠."

-『고려청자, 청자도공 해강 유근형 자서전』, 도서출판 오른사

유근형은 수원에서 실패를 거듭하다 왕실도자기 가마터가 있던 여주 오금실로 떠났다. 그곳에서도 실패를 거듭했지만 유약과 질흙의 비법을 어느 정도 찾아냈다. 그는 고려청자 재현 노력 5년 만에 김춘배, 완배 형제의 도움으로 마침내 청자 복원에 성공했다. 그러나 그 성공은 시작일 뿐, 고려청자 특유의 비색을 완벽하게 재현하기 위해서는 좋은 흙이 필요했다. 그는 또 흙을 찾아 이천, 수원, 강진 등 전국을 누볐다. 물론 흙만으로 비색이 완성되지는 않았다. 무엇보다 중요한 것은 가마의 불 온도였다. 유근형은 비색을 내는 온도를 알아내기 위해 뜨거운 가마에서 살다시피 했다.

유근형의 자서전 표지

유근형은 이렇게 회상했다.

"그 동안 깨뜨려버린 작품만도 엄청났다. 그러나 마음먹은 대로 된 작품은 하나도 없었다."

그는 야나기 무네요시柳宗悅, 1889~1961와 함께 한국 공예와 도자에 뜨거운 사랑을 갖고 연구한 아사카와 노리다카淺川伯敎, 1884~1964와 교유하였으며, 그의 소개로 1921년 일본에 건너가 교토고려소京都高麗燒에서 청자 제작술을 가르쳤다.

1926년에는 한국인이 운영하는 첫 번째 고려청자 요장을 영등포에 만들었다. 1928년 일본 벳푸시別府市박람회에 '운학무늬 매병', '포도무늬 주전자', '이중투각 항아리' 등 세 점을 출품해 금상을 수상했다. 짧지 않은 세월, 각고의 노력이 비로소 보상받는 순간이었다. 이후 그는 황인춘, 최인환, 최남성과 함께 청자를 제작하면서, 고려청자의 오묘한 비색을 재현하기 위해 실험을 계속했다.

유근형의 성공은 국내 도예가들에게 자신감을 불어넣었고, 이후 조선미술전람회 공예 부문에 청자를 출품해서 입상하는 사기장들이 나타났다. '청자해태향로'를 출품한 김완배제13회, '청자상감화병'을 출품한 이윤규제18회 등이 고려청자 복원에 뜻을 둔 사기장들로, 이들은 유근형과 함께 고려청자의 비색을 완성시키기 위해 매진했다.

맥이 끊겼던 고려청자는 이렇게 근대 사기장들의 노력과 시행착오 끝에 복원되어, 고려청자 특유의 비색이 다시 빛을 발했다. 이후 그는 1937년 개성 선죽교 근처에 '고려청자연구소개성요'를 운영하면서 청자 제작을 하였으나

고려청자의 비색을 완성시킨 2대 해강 유광열의 청자들

태평양전쟁의 여파로 국가 총동원령이 공포된 1930년대 말부터 한국전쟁이 끝날 때까지 20여 년간 특별한 활동을 하지 못했다. 이윽고 해방이 되어 해강 유근형은 1950년 과거 일본인이 설치했던 마포형무소 요장에 잠시 머물렀으며, 이후 여주의 한양요업사나 인천의 중앙도자기공장 등에서 활동했고, 그때 제작한 청자를 해방 10주년 기념박람회 등 공예품 전시회에 출품했다.

1956년에는 미국 캘리포니아 국제박람회에 청자를 출품하여 금상을 수상하였으며, 그 해에 성북동 가마에 머무르면서 청자를 만들었다. 성북동 가마가 문을 닫은 다음에는 대방동 가마에서도 청자 제작에 열중했다.

1959년 여름 수광리 칠기가마를 찾아 내려온 유근형은 고승술이 운영하는 칠기가마를 빌려 작업하다가, 1960년 장남 유광열과 해강고려청자연구소를 설립하고 본격적인 청자 제작에 들어갔다. 1963년 고려청자 재현의

2012년 고희전을 연 2대 해강 유광열

공로를 인정받아 인간문화재 청자도공으로 수록되었다.

해강은 1980년대에 일본 전시회를 12회나 개최하여 일본인들에게 명성이 높았으며, 일본에서 한국 전통 도자 수요의 폭발적인 증가에 중심 역할을 했다. 1981년 이천 도예가들이 전통 도자 문화 발전을 위해 설립한 한국전승도예협회에 노석경, 안동오, 조소수, 지순탁 등 원로 도예가와 함께 고문으로 참여했다. 1993년 100세의 나이로 타계하기 직전인 1992년 당시 한국을 방문한 다이애나 영국 왕세자비에게 그의 작품이 선물로 증정됐다.

해강 유근형은 85년 동안 오로지 고려청자 연구와 제작에 몰두하여, 500년간 단절되었던 고려청자 기술을 복원하고, 아름다운 고려청자 전통을 현대에 연결시켰다. 현재 이천에서 활동하는 많은 도예가들이 그의 밑에서 가르침을 받았다.

상훈으로는 일본 벳푸박람회別付博覽會 금메달1928, 제1회 대한민국 수출공예품 전시회 가양상1950, 제3회 전국국산품전시회 문교부장관상1954, 해방 10주년 생산품박람회 최우수상1955, 미국 캘리포니아 국제박람회 금메달1956, 동아일보 공예품전 전승공예부문 특선1969, 제1회 관광민예품경진대회 대상1971 등이 있다. 1963년 인간문화재 청자도공으로 수록되었고, 1988년 경기도 무형문화재 제3호 청자장靑磁匠에 선정되었다.

　　한편 유근형과 2002년 이천시 명장, 2006년 대한민국 명장이 된 유광열 부자의 공헌에서 우리나라 최초의 도자전문미술관인 해강도자미술관을 설립한 사실을 결코 빼놓을 수 없다. 우리의 전통 도자 문화를 계승하고 발전시키려는 목적으로 1990년에 설립한 이 미술관은 출범 당시 보물 제1573호 '청자양각연판문접시고려시대제작'를 비롯해 해강이 평생을 바쳐 수집한 청자 및 도자 유물 1,000여 점을 소장했다. 특히 시청각실과 도자연구소를 별도로 설치해 우리나라 도자예술의 학술 연구에도 심혈을 기울이는 등 전시

2대 해강 유광열이 만든 도자기 장신구. 그는 도자도 새로운 판로를 통해 재창조되어야 한다고 피력했다.

관 이상의 역할을 했다.

개관 이후 전통 도자의 전시와 보존은 물론, 전국에 산재되어 있는 도자 유적을 조사하고 도자 관련 유물 수집과 전시, 보존에 힘써왔다. 또한 여러 가지 학술 활동과 자료 제공, 도예교실 등을 통한 교육적 기능을 담당함으로써 도자 문화 발전에 이바지했다.

그러나 미술관 운영은 고난의 길이었다. 유광열은 지자체의 외면 속에 미술관을 홀로 지켜왔다. 운영에 연간 2~3억 원이 들었지만 수입은 입장료2,000원를 포함해 월 100만 원이 채 안 됐다. 이천시와 경기도에 운영비 등 지원을 수차례 요구했지만 묵묵부답이었다. 어쩔 수 없이 보유하고 있던 땅을 팔거나 대출을 받아가면서 오로지 자비로 미술관을 운영했다. 전통 도자기를 계승한다는 긍지 하나로 18년 동안 버텨왔다.

그러나 더 이상 운영비를 충당할 여력이 없게 되면서 2008년 결국 평택국제대학교에 소유권을 넘겼다. 그러나 이 학교도 불과 3년 만인 2011년 미술관토지,도자기,건물등84억 원을 부동산 시장에 내놨다. 그 사이 소장 작품도 보물 1점, 청자 405점, 백자 426점, 분청사기 89점, 흑자 9점, 도기 205점, 기타 50점으로 줄어들었다.

이에 따라 건물과 토지는 개인에게 넘어갔고, 보물 등 도자기 1,000여 점은 천만다행으로 이천시가 구입하는 것으로 정해졌다. 이천시는 이들에 대한 인계 절차가 완료되면 이를 시립박물관에 전시한다는 계획이다.

유광열은 이에 대해 가슴을 치며 이렇게 말했다.

"그동안 미술관 운영하느라 들어간 돈만 족히 100억 원이 넘는다. 선친이 벌었던 그 많은 돈도 유물 구입에 다 들어갔다. 학교 측에서 미술

- 1대 해강과 함께한 2대 유광열과 3대 유재완

•• 1대와 2대, 3대 해강의 작품들이 전시되어 있는 해강고려청자연구소 및
   도자자료실

관을 잘 활용할 줄 알았지만 사실상 방치돼 폐가처럼 변했다. 운영비 지원만 있었다면 이런 일을 없었다. 도자 역사를 총망라한 작품들이 뿔뿔이 흩어지게 돼 가슴 아프고, 부친을 뵐 면목이 없다."

유광열이 미술관을 유지하느라 판 땅에는 정계산小堂山 일대 30만 평도 있었다.

"가마에 땔 장작 걱정을 하지 않으려고 나무를 심기 위해 산 땅도 많다. 정계산 땅 30만 평은 나중에 고려대에 기증했는데, 고려대에서 다시 반납해왔다. 한참 쪼들리고 있을 때였으므로 이를 다시 동서울대에 팔 아 미술관 운영비로 사용했다."

이렇게 해서 우리나라 최초의 도자전문미술관이자 '한국 도예의 산실' 은 산산조각이 나서 흩어지게 됐다. 참으로 뼈아픈 현실이고, 우리 문화 수준의 민낯이다. 일본의 경우, 전국 어디를 가더라도 민간 자본으로 설립된 빼어난 도자전문미술관들을 볼 수 있다. 이들의 운영 역시 입장료 수입만으로는 턱도 없을 것이므로, 누군가 어디에선가는 운영을 지원하고 있을 것이다.

해강이 처음 청자를 구운
남곡 고승술의 칠기가마

그런데 여기서 해강이 처음 이천에서 청자를 구웠던 칠기공장의 주인 고승술高勝述, 1913~1981에 대해 짚고 넘어갈 필요가 있다. 고승술의 호는 남곡南谷으로 원래 용인에서 태어났지만 1927년 14세 때 이천으로 이주해 부친 고근화高根化로부터 전통적인 청자와 분청 제조, 오름가마의 설치 기법을 배웠다고 한다. 그가 수광리에서 '수려도요水麗陶窯'를 시작한 것은 1947년, 34세 때였다.[27]

그러므로 1987년 「이천시지」에 실렸던 '1955년 이천요업공장 현황'에 이천 칠기공장으로 이현승과 고장근이 공동 대표로 돼 있는 가마 하나와 한인석이 대표로 돼 있는 가마 하나, 모두 2개로 적시돼 있는 것은 매우 혼란을 준다. 여기에 고승술의 가마 '수려도요'와 홍재표 선친 홍순환의 칠기가마를 더 추가한다면 4개가 될 수도 있다.

그러나 자서전에서 '당시 칠기가마는 2개였는데, 점주는 4명이었다'는 해강 유근형의 기억대로라면, 고승술 가마는 이현승 가마와 동일했을 가능성이 높다. 또 앞에서 기술한 이대영의 증언에 따르면 공동 명의자인 고장근이 고승술의 먼 친척이라고 했으므로, 고승술이 이현승 가마의 실제 주인이었을 개연성은 더 높아진다.

게다가 고승술의 딸 고영실1955~은 매우 중요한 증언을 하고 있다. 고영실은 아버지가 운영하는 칠기공장의 원래 이름이 '수려요'였다고 한다. 그런데 1955년에도 칠기가마를 운영하고 있던 이현승은 고영실의 사촌 형부다. 즉, 사촌언니인 고복서의 남편이 이현승이다. 그러니 이현승의 칠기가마도 고승술 부친인 고근화, 고근화와 친척이었을 고장근과의 관련에 의해 시작되었을 가능성이 매우 높다. 따라서 미나리 칠기가마는 사실상 고씨 집안 그리고 결혼에 의해 이와 인연을 맺은 이현승의 공동 운영체라고 봐야 한다.

1976년 청파요靑坡窯를 설립하고 이천문화원장을 12년 동안 역임한 청파

27 남곡 고승술 도예전 리플릿 약력 사항(1975년 4월) 참조

남곡 고승술 '흑지역상감연화문과형화병'. 해주도자박물관 소장

이은구李殷九, 1943~ 역시 "미나리 칠기는 수려요였다"라고 증언하고 있다.

그렇다면 수광 2리의 칠기가마는 또 어떠할까. 바로 이 부분에서 칠기가마의 숫자가 달라질 수 있다. 앞서 보았듯 이현승 증언에 의하면 수광 2리 칠기가마는 홍재표의 선친 홍순환에 의해 수광 1리 칠기가마보다 늦게 생겨난 것이니, 홍순환과 한인석이 공동 점주가 아니었다면 실제로 수광 2리 칠기가마는 하나가 아닌 2개가 될 수 있다. 고승술의 딸 고영실과 이현승의 아들 이대영 모두 한인석이 누구인지 모르므로, 한인석의 칠기가마가 또 하나 있을 수도 있다.

1959년에 수금도요에 들어가 처음 도자 일을 배우기 시작한 해주 엄기환1946~은 이렇게 말한다.

"당시 이천에는 칠기공장이 3개가 있었다. 2개는 이현승과 홍재표 가마인데 하나는 누구 것인지 모르겠다."

그가 모르는 칠기가마가 한인석의 가마이고, 이천 칠기가마가 모두 2개가 아닌 3개였을 가능성은 상존하는 셈이다. 고승술 가마가 칠기공장이었다는 사실은 여러모로 확인이 된다. 우선 이천 도예인 가운데 제일 먼저 명장 칭호를 받은 세창 김세용은 고승술의 칠기공장을 '욱일요旭日窯'로 기억하고 있다. 고영실의 기억에도 어릴 적 자신의 집은 직원만 해도 16명이 넘었고, 도부꾼들로 늘 북적거렸다고 한다. 그러면서 지금 이천 도예가들 상당수가 '욱일요' 출신이라고 강조한다.

다음은 김세용의 증언이다.

"고승술 씨의 칠기공장인 '욱일요'에서 공장장으로 일하면서 모든 것을 다 배웠다. 당시 국회의원통영.고성이었던 김동욱金東旭 씨가 욱일요의 작품을 전량 매수해 판매했는데, 하루는 그 돈을 수금하러 간 고영부고승술의 아들가 이를 어찌했는지 빈손으로 내려왔다. 그래서 봉급 받을 돈이 없어 내가 대신 흙도土을 가져가겠다고 하고, 처음 집에서 도자기를 만들기 시작했다."

세창은 원래 신상호의 자기 공방인 '도방요陶房窯'에서 조각으로 사기장 일을 시작했다. 그런데 1974년 오일 쇼크의 여파로 도방요가 이천 공방 문을 닫고 양주로 이전1975년 5월하게 되었다. 이때 신상호가 세창에게 같이 가자고 권유했으나 세창은 이천에서 뿌리를 내려야 한다고 생각해 이 제의를 거절했다고 한다. 그리고는 욱일요로 들어갔다.

고승술에게는 2남 1녀의 자녀가 있었는데, 장남이 위에서 말한 고영부호적상 이름은 고동식, 차남이 고남식이었다. 고남식은 1970년대 유명한 물레대장으로 일본에 초빙되어 아리타에서 물레 성형을 지도하기도 했다고 한다. 고남식은 2003년에, 고동식은 2017년에 타계했다.

고영실은 현재 김해 출신 남편 보천 이위준1956~과 함께 경남 고성에서 수로요瓥露窯와 보천도예창조학교를 운영하고 있다. 보천이 이천으로 와서 고승술 밑에서 사사를 받다가 스승의 딸과 눈이 맞아 결혼한 것이다. 보천은 2013년 '경남 최고장인'으로 선정되었다.

남곡 고승술에 대해 소개하고 있는 유일한 신문 기사인 「중앙일보」 1974년 2월 27일자 보도를 보면 가마 이름이 '욱일현'으로 돼 있다. 이는 '욱일요'를 잘못 기재한 것으로 보인다.

남곡은 1973년 당시 도예평론가로 일하던 김동욱과 함께 욱일요와 남곡 청자연구소를 설립해 고영부와 함께 청자 연구에 매진한 것으로 돼 있다. 욱일요의 '욱'자는 김동욱의 이름에서 따온 것임을 쉽게 추정할 수 있다. 그러니 남곡은 1947년에 수려요를 만들었고, 1973년에 욱일요를 새로 만든 것이다. 세창 김세용이 1975년에 욱일요에 들어갔다고 말한 것과도 부합된다.

「중앙일보」의 보도를 전문 그대로 보자.

> 남곡 청자전 1974. 2. 27
>
> 전승 도예를 이어받은 전래 도자기의 고장인 광주, 이천 등지에서 오랫동안 도공 생활을 해오는 남곡 고승술 씨 61가 첫 청자전을 연다 2월 28일 3월 5일 미도파 화랑.
>
> 고 씨는 지난해 덴마크와 일본에 그의 제품을 보내어 전시회를 가진 바 있지만 국내에선 그 동안 민속 도자 점포를 통해 선보였을 뿐이다. 그는 지금 이천군 신둔면 수광리에 가마 욱일현를 자영하고 있는데 한때는 지순탁, 유근형 씨와도 함께 가마를 운영하기도 했다. 뿐더러 근년에는 한영韓榮, 광주廣州 및 이동창, 황종례黃鍾禮 씨 등의 가마를 조성해 전승 도공의 또 다른 면모를 보여주기도 했다. 이번 출품은 병, 표형병, 주전자, 매병, 항아리, 대접, 잔 등 고려청자의 특징을 보이는 기형들이다.

이처럼 남곡은 해강이 청자를 만드는 모습을 보면서 자신의 가마를 칠기공장에서 청자나 분청을 만드는 자기공장으로 전환시킨 것으로 보인다. 1975년 전시회 리플릿에 따르면 남곡은 1956년부터 1957년까지 지순탁과 함께 청자를 연구했고, 1957년부터 1971년까지 10여 년은 해강 유근형과 함께 수려요를 공동운영했다고 돼 있다.

그러니 그가 지순탁과 유근형으로부터 동시에 청자 기술을 공유한 것은 분명하다. 이렇게 청자 기술을 습득한 남곡은 1973년 6월 덴마크 코펜하겐에서, 8월 일본 도야마 현富山縣에서, 1974년 일본 아오모리 현靑森縣에서 개인전을 가졌다.

그 외에도 특이한 경력은 가마를 만드는 기술자답게, 다른 장인의 가마를 만들어주었다는 사실이다. 그가 만든 가마들을 보면 1964년 도방요, 1970년 한영미술도요韓榮美術陶窯, 1971년 청운도요淸雲陶窯, 1972년 광주요 등으로 이천의 주요 가마를 망라하고 있다. 그밖에도 1973년 성남의 조동헌曺東憲 가마와 마산의 제일여고 가마, 경기도 벽제의 이화여대 황종례鍾黃禮 가마, 1974년 벽제도요碧蹄陶窯 등이 있다.[28]

남곡 고승술에 대해서는 전해지는 기록이 거의 없고, 이천 도자사에서도 이름만 등장할 뿐 자세한 내용은 알려진 것이 없다. 그러니 이 책의 내용이 그에 대한 최초의 기록일 것이다.

앞에서 얘기한 대로 고승술의 칠기가마는 해강이 이천에서 처음으로 청자를 만든 장소였다는 점에서, 또한 고승술이 이천의 주요 가마들을 함께 축조한 장인이었다는 점에서 사료적으로 매우 중요하다. 세창 김세용도 "도자 생애에 큰 도움을 주신 고근화 옹의 2대 고승술 스승님께 참으로 감사하다는 말씀을 드리고 싶다"고 누누이 강조하고 있다. 따라서 남곡에 대한 이야기도 이 책의 내용을 계기로 이천 도자사에 편입되기를 기대한다.

28　남곡 고승술 도예전 리플릿 약력 사항(1975년 4월) 참조

2017년 12월 21일 이천시의회 제189회 본회의 회의록을 보면 김문자 의원이 다음처럼 발언하고 있다.

마지막으로 이천시 다목적 도자관 설립에 대하여 질문 드리겠습니다. 이천의 도자 역사는 전라도 강진이나 광주 분원 등에 비해서 역사적으로는 많이 알려 있지 않으나 현대 도자에서는 국내외를 불문하고 단연 우리나라 도자의 가장 중심이 되는 지역으로 발돋움한 것은 사실입니다. 문화라는 것은 한번 사라지면 다시 복원하기는 몇 백 배 어렵습니다. 강진과 광주가 역사적으로 이천보다 도자기로 훨씬 더 많이 알려지고 유명했던 지역이었지만 지금은 아무리 노력해도 이천을 따라올 수는 없습니다.

이제 우리는 글로벌 시대에 걸맞은 새로운 이천 도자의 과거, 현재, 미래를 재정립해야 할 것입니다. 과거 이천 도자 역사를 써 내려간 고승술, 이현승, 조소수, 유근형, 지순탁, 이정하, 고영재, 홍재표, 방철주, 이준희 등 고인이 된 도예인의 재조명과 도자 명칭, 제작 기법, 제작 도구, 제작 시설에 대한 심도 있는 연구와 현재의 도예인과 도자 작품에 대한 정리 또한 앞으로 도자 발전과 향후에 대한 조사와 연구를 통한 세계적인 도자도시로서의 위상을 계속 쌓아나가야 할 것입니다.

이 발언이 보여주듯 고승술의 이름은 제일 먼저 등장하고 있는 것이다.

최초로 고려청자 재현한
도암 지순탁

도암陶庵 지순탁池順鐸, 1912~1993은 9대째 관중官中을 드나든 중인 집안에서 1912년 4월 30일 서울 종로구 공평동 133번지에서 태어났다. 완고한 성품을 지닌 부모님과 신식 교육을 적극적으로 반대하는 조부의 뜻에 따라 보성중학교 3학년이 되는 해18세 학업을 중단했다. 이때부터 그는 별로 하릴없이 지내야 하는 무료함을 달래기 위해 집안의 골동품을 모조模造하는 습관이 생겼는데, 명색 양반집 자식이 장인 흉내를 내는 꼴이 그리 달갑지 않았으나 조부는 이런 것이라도 취미를 붙여 학교 생각을 잊게 할 요량으로 못 본 척했다. 덕분에 그는 별다른 제약 없이 근처의 골동품상들을 드나들며 쇼윈도에 진열된 고가구와 도자기 등 우리나라 최고의 예술품들을 감상할 수 있었다.

위풍을 자아내는 고려도요 정문

가세가 차츰 기울자 서대
문형무소 뒤편 미근동에 새
집을 마련해 거주하였는데
마침 집 뒤편에는 유명한 일
본인 골동품 수집가인 아사
카와 노리다카가 살고 있었
다. 당시 아사카와와 야나기
무네요시는 서로의 집을 자
주 방문하는 사이였다.

도암 지순탁의 생전 모습

　아사카와와 친해진 덕분에 도암은 그의 집과 박물관에서 미술품들을
둘러볼 기회가 많았다. 유구히 빛나는 조선 도자 문화의 전통이 단절된 것을
매우 아쉽게 여기던 야나기 무네요시와 아사카와는 도암에게 우리 도자기
의 우수성을 알려주면서 이를 한번 재현해볼 것을 권유했다. 또 이들이 우리
말을 잘하지 못하는 터여서 우리나라 곳곳에 산재해 있는 가마터 등 유적지
를 조사하러 나갈 때마다 도암은 통역사로 그들과 동행했다. 덕분에 곁눈으
로나마 직접 유적지와 유물을 볼 수 있었고, 이 현장 발굴 체험이 그의 관심
을 더욱 부추겼다.

　이후 그는 계속해 대법관 김찬영金贊永을 비롯하여 경성방직과 「동아일
보」를 창립한 인촌 김성수仁村 金性洙, 초대 외무부장관과 국무총리를 지낸 장
택상張澤相 등의 집을 찾아다니며 고려청자와 백자에 관한 이야기를 듣고, 또
한 직접 신문로의 골동품 가게와 박물관을 두루 돌아다니면서 나름대로 도
자 연구에 박차를 가했다. 그러면서 도암은 우리 도자 전통을 부흥시키기 위
해 아직 그 어딘가에 조금이라도 남아 있을지 모르는 도자의 맥을 직접 찾

도암 지순탁의 사망 후에도 그의 자기에 대한 강한 의지가 엿보이는 고려도요의 오름가마

아 나서기 시작했다.

경기도 여주군 북내면 오금리 어느 도요에 정착한 그는 주변 사기장들의 도움을 받아 우리 자기를 재현하려 했으나 2~3점 정도밖에는 제대로 구워진 것이 없었다. 그는 김찬영을 비롯한 몇몇 국내 수집가들과 아사카와 등에게 그의 첫 작품들을 내보였다. 모두들 도암의 의지에 탄복하였으나 작품에는 그리 호감을 보이지 않았다.

그는 이 원인을 흙에서 찾고 연구한 결과 1930년 그의 나이 21세에 충남 서산군 운산면 거성리의 도요에서 도석을 찾아냈다. 그는 여기서 중국산 고염古染을 이용하여 문양을 그렸고 처음으로 소나무재로 유약을 만들어 써보았다. 당시 사기 요강을 굽는 가마 한 칸을 빌려 여러 가지 방법을 활용하여 실험을 하는 도중, 거금을 들이며 일용품도 아닌 골동품 모조품만을 만드는 것을 이상하게 여긴 이웃의 밀고로 주재소駐在所까지 끌려가는 봉변을 당하는 수모 끝에 작품을 완성해내기도 하였다.

그로서는 처음으로 잿물을 이용한 유약을 사용한 셈이었는데, 이 결과 나타난 작품은 바로 재유약의 개발만이 고려청자나 조선백자 재현을 가능케 하리라는 신념을 갖게 해주었다. 이를 거울삼아 도암은 본격적으로 재유약 개발을 위하여 전국 각지의 도요나 도요지를 탐사해나가기 시작하였다. 더불어 분원에서 일하던 노인을 찾아가 고사리재를 비롯한 식물성 재유약에 대한 관심을 가지고 전통 청자 재현에 가까이 가고자 노력했다.

그러던 도중 중일전쟁이 마침내 태평양전쟁으로 확대되면서 각종 산업이 전시 체제로 돌입하자 그의 도예 연구 생활에도 많은 제약이 생겼다. 전쟁이 막바지에 이르면서 물자난이 극심해짐에 따라 도자기 연구는 더욱 힘들어졌다. 애써 힘겹게 찾아낸 청자와 백자 비법을 제대로 활용해보지도 못하고 관의 눈치를 보아가며 조금씩 구워낼 수밖에 없었다. 그럼에도 당시에 만든 작품들은 대부분 일본으로 수출되어 일본 도예계에 그 이름이 알려지기

지순탁의 도제 인형

• 　고려도요의 갤러리. 고려도요 안에는 도암 지순탁의 도자기를 감상할 수 있는 여러 감상실이 있다.
•• 　지순탁의 손을 거쳐 탄생한 청자, 백자, 분청사기

시작했는데, 이즈음 도쿄도예전에서 두 번 특선으로 입상한 것은 그의 명성을 확고히 다져주었다. 4~5년 전에도 목공예품으로 여러 번 입상한 적이 있었지만 도예가로서 객관적인 평가를 받기는 처음이었다.

도암이 마침내 '초목을 태운 재'로 만든 유약을 사용해 최초로 고려청자를 재현해낸 것은 해방 바로 직전인 1944년 가을이었다. 이 날도 여러 종류의 초목을 태운 재를 배합하여 만든 유약으로 청자를 만들어 구웠는데, 그중 청자향로 하나가 첫눈에 보아도 빛깔과 광택이 고려청자를 육박하는 우수한 것임을 바로 직감할 수 있었다.

그러나 어지러운 사회 상황으로 후원자들의 후원이 미치지 못하자 도암은 변변히 작업도 하지 못한 채로 한국전쟁을 맞아야만 했다. 허겁지겁 피란길에 나서서 부산에 당도한 후 봇짐을 풀었으나 여섯 식구의 생계는 막막하기만 했다.

그는 하는 수 없이 영도다리 건너편의 공터를 빌려 조그만 가마 하나를 만들어 입에 풀칠이나 해볼 양으로 작업을 시작했다. 그러던 중 당시 적십자사 총재로 재직하던 윤보선尹潽善의 소개로 부산 제1부두에 정박 중이던 덴마크 병원선 자드리안디아 호의 사령관인 하마리크 추천으로 자드리안디아 호 회의실에서 개인전을 열어 큰 성공을 거두었다.

이듬해 전쟁이 끝나 서울로 다시 되돌아온 도암은 곧바로 전쟁으로 파괴된 국립박물관 목공예품 복원 사업에 종사했다. 또한 한국조형문화연구소의 성북동 가마의 제작 책임자로 발탁되어 활동을 시작했다. 이후 대방동 가마에서도 성형부, 조각부, 소성부를 아우르는 공장장 역할을 했다.

대방동 가마도 문을 닫자 도암은 1957년 경기도 이천 신둔면 수광리로 내려가 칠기공장에서 청자와 분청사기를 함께 제작했다. 이후 수금도요와 광주요에서 공장장으로 일하면서 도자기 제작에 참여해, 많은 양이 일본으로 수출되었다. 1966년에는 자신의 가마인 고려도요高麗陶窯를 설치, 이후 십수 년 동안 고려청자와 조선백자의 올바른 재현에 심혈을 다 바쳤고, 후진 양성에도 남다른 관심을 쏟았다.

이천 원로 도예가들의 증언에 따르면 지순탁은 사업 수완이 좋았고, 말솜씨도 매우 뛰어나서 사업가나 작가를 했으면 더 성공했을 것이라고 한다. 지순탁은 그런 재질才質을 바탕으로 국내외에서 매년 수십 차례의 전시회를 개최하여 전통 도자에 대한 새로운 인식과 함께 대중화에 힘썼다. 고려도요는 당시 운영되던 공방들 중 규모가 제일 컸으며, 생산품 대부분은 수출되었다. 이천시가 유네스코 세계 공예 도시로 발돋움하는 데 결코 빼놓을 수 없는 큰 역할을 한 인물이다.

이러한 업적들을 바탕으로 1981년 대한민국사회교육문화상, 1983년 외무부장관상과 통일부장관상, 1985년에는 평화통일문화제 특별공로상, 1986년에는 아시아평화상 등을 각각 수상했다. 1984년에는 미국 유니온신학대학에서 명예미술박사 학위를 받았으며 1988년 경기도 무형문화재 제4호 분청 백자장 기예능보유자로 지정되었다.

조소수의 청자가
북한 평양에서도 만들어진 사연

조소수는 경남 남해 출신의 재일교포 출신이다. 18세에 일본으로 건너가 자수성가하여 사업을 하던 중, 일본 상류층에서 한국의 전통 도예가 최고의 평가를 받는 사실을 알고 우리 도자기에 심취하게 되었다고 한다.

조소수는 사업을 매우 크게 했다. 1945년 광복을 맞아 현해탄을 건널 때

• 광호 조소수 '백자팔각난호'. 해주도자박물관 소장
•• 광호 조소수 '백자청화진사채초화문각병'. 해주도자박물관 소장

그의 가족이 첫 번째 귀국선을 탈 정도였다. 해방 이후 조소수는 한국에서 침몰한 배를 건져내는 사업을 했고, 일본에도 회사가 여럿 있었다. 삼성그룹 창업주 이병철李秉喆, 동아제약 창업주 강중희姜重熙 같은 기업인과 과도정부 수반이었던 허정許政 등 정치인들과도 친했다.

또 조소수 집안과 「민족일보民族日報」 사건'의 조용수趙鏞壽와는 먼 친척지 간이다. 「민족일보」는 1961년 2월 창간돼 약 3개월 동안 서울에서 발행되었 던 일간지로, 남북 협상과 남북 간 경제 서신 교류 실시 및 민족 자주통일의 추진 등을 적극 지지하는 논조를 폈다. 그러나 5·16 군사정변 이후 반국가 적, 반혁명적 신문이라는 이유로 강제 종간되었다. 발행인 조용수도 북한과 연루되었다는 죄목으로 체포되었는데, 재판도 속전속결로 진행돼 그해 12 월 21일 언론인 사상 처음으로 사형에 처해졌다. 「민족일보」 사건'은 2008년 1월 무죄로 판명돼 조용수도 비로소 '뒤늦은' 명예회복을 했다.

조소수의 부인 쪽은 애국지사 집안이었다. 장인 윤기열은 구한말 포병사 령관을 지낸 독립투사로, 1917년 일본 헌병대와 싸우다 온몸에 8발의 총탄 을 맞고 전사했다. 노태우 정부는 그에게 건국훈장 애국장을 추서했다.

조소수는 이천 도예촌 발생기부터 이천 도자기를 일본에 소개하는 일에 주력하였고, 1963년 광주요를 설립하여 분청사기와 생활도자기 개발의 업적 을 쌓았다. 이천 도자기 성과를 일본에 널리 소개한 공로와 함께 차문화 보 급 활동을 전개했고, 현대적 경영 방식을 도입한 생활도예 발전에도 공적을 남겼다.

조소수의 경우에는 그의 업적도 크지만 광주요를 이은 자식들의 성공도 각별하고, 이야기 또한 매우 흥미롭고 풍부하다.

조소수에겐 6남매가 있었다. 그런데 광주요를 물려받은 사람은 막내인

조태권趙泰權, 1948~이었다. 그는 맏이 조상권趙相權, 1936~의 열두 살 아래 동생이다. 왜 그리 되었을까. 여기에 장남 조상권의 기막힌 사연이 있다.

조상권은 어려서부터 부친 조소수와 마찰이 잦았다. 어린 나이에도 전국을 방랑했고, 12살 때 처음 본 충남 부여 정림사지 5층 석탑을 보고 반해서 언젠가 저런 작품을 만들어보겠다는 미술학도의 꿈을 키웠다. 그가 자유로운 파리를 동경한 것은 당연한 일이었다. 그러나 조소수는 당시 파리를 윤락淪落의 메카로만 생각하고, "미국이라면 얼마든지 보내주겠다"고 반대했다. 풀지 못한 젊음의 열정을 그는 문학에 쏟았다. 그중에서도 러시아 문학을 제일 좋아했다.

1959년 한일회담 대표로 친구 허정이 일본에 왔을 때 조소수는 일행을 하코네箱根 온천으로 안내했다. 그때 허정이 시무룩한 조상권에게 파리에 가는 게 꿈인데 아버님이 허락을 안 한다는 말을 들었다. 허정이 친구의 무지를 일깨웠다. 허정의 얘기로 파리가 문화와 예술의 중심지라는 사실을 알게 된 조소수는 바로 그 다음 날 "가도 좋다"고 허락했다. 그렇게 일본 미술대학생 조상권은 파리 명문 사립건축학교 에콜 다르키텍트École d'Architecture 학생이 되었다.

조상권은 2년 동안 다니던 학교를 그만두고 다시 프랑스 최고의 명문 예술대학인 에콜 데 보자르École des Beaux-Arts에 입학했다. 본과本科 진학 시험에서는 1,200명 중 1등을 했다. 그러자 프랑스 정부가 장학금을 줬고, 한국 정부도 조니워커 위스키 2병을 선물로 보내왔다. 기이하게 동백림東伯林, 동베를린 북한대사관에서도 축전을 보내왔다.

그렇게 잘 지내고 있던 그를 파리에서 친하게 지내던 서울대 출신의 한 유학생이 "동백림 북한대사관에 한번 다녀오라"고 꼬드겼다. 몇 번을 뿌리

쳤지만 끈덕진 유혹에 낭만주의 성향의 호기심이 일었다. 동백림에서 온갖 환대를 받았고, 서너 차례 다녀오니 1963년 '평양에 오라'는 제의를 받았다. 금강산, 백두산 구경이란 말에 솔깃했고, 러시아 문학을 좋아하는 그에게 러시아를 통과해 간다는 말도 매력적으로 들렸다고 했다. 아내는 울면서 만류했지만 그는 결국 러시아를 거쳐 북한으로 들어갔다.

조상권의 방북은 지금도 회자되고 있는 '동백림 사건'의 하나다. 1967년 7월 중앙정보부 발표에는 작곡가 윤이상尹伊桑과 재불 화가 이응로李應魯 등이 A급 혐의자로 분류되었고, 관련자가 315명이나 됐다. 그 가운데 65명이 기소됐다.

이렇게 사건이 터지자, 당시 파리에 있던 조상권은 가족을 데리고 다시 북한으로 '도피하는' 잘못된 선택을 하고 만다. 이후 그는 북한 공작원이 되었다.

부유한 가정에서 태어나 파리에서 최고의 교육을 받다 간첩으로 전락한 부부는 1969년부터 공작원이 되어, 유럽과 남미 일대에서 활동했다. 그가 '종횡사해縱橫四海'의 공작원 생활을 끝낼 결심을 한 것은 1990년대 초 동구권의 붕괴를 보고나서부터였다. '이제 살 길을 찾아야겠다'고 생각한 그는 남미에 파견된 안전기획부 요원과 접촉했고, 1997년 한국으로 귀순했다. 자식 둘, 남매는 북한 땅에 남겨놓을 수밖에 없었다.

그런데 조소수의 아들답게 그는 북한에서도 도자기와 연관된 일화가 있다. 다음은 「조선일보」 2009년 10월 24일자에 게재된 조상권 인터뷰 기사[29]의 일부다.

---

29 '문갑식의 하드보일드' 조상권 광주요 도자문화연구소장의 고백 "나는 북한 공작원이었다"

광주요 조상권 '분청철채수레형계영배'

– 도자기는 조태권 광주요 회장이 권유했겠지요?

"동생이 저보고 광주요 도자문화연구소를 맡으라고 했어요. 연구소 부지가 1만 8,000평쯤 되는데 동생이 마련해준 겁니다. 도자문화연구소는 아버지가 1963년 세운 것인데 제가 형이라고 2대代 이사장을 할 순 없지요. 그래서 3대 이사장이 된 겁니다."

– 북한에 있을 때 도자기와 인연이 있었죠?

"1972년 4월 15일이 김일성 환갑이었습니다. '무슨 선물을 할 거냐'고 묻기에 '고려청자 재생사업이 어떻겠느냐'고 제안했어요. 김일성이 금방 OK했답니다. '조 선생, 어떻게 청자 재생사업을 하겠소'라고 묻기에 '북한에도 청자 만들어본 사람이 한 명은 남아 있을 겁니다'라고 했지요. 사흘 만에 찾아내더군요."

– 누구였습니까?

"평양은 대동강 남쪽이 부촌富村이고 북쪽은 상대적으로 생활이 열악해요. 평양도자기 공장의 직원 800명 가운데 화부火夫로 일하던 우치선이란 분이었어요. 청자 전문가가 화부로 일하고 있으니 참 한심하지요. 그를 세 차례나 만났는데 속마음을 안 보여줘 애를 먹었습니다."

– 왜 그랬을까요?

"기술만 빼앗고 제거하려는구나 하고 걱정했겠지요. 제가 남한 출신이라고 하니 마음을 열더군요. 그도 남한 출신이었습니다. 그때부터 의기투합했는데 첫 번째가 가마를 만드는 것, 두 번째가 흙, 세 번째가 굴窟이 있는 곳이어야 한답니다. 평양 부근 용성에 초대소가 있는데 그 조건을 다 충족했어요."

– 얼마 만에 청자를 재현해냈습니까?

"재생사업 시작 8개월 만에 처음 12개를 구워냈는데 제일 잘된 거 2개는 김일성, 2개는 김정일, 2개는 우리 아이들에게 줬습니다. 그 일로 우치선은 공훈예술가가 됐어요. 평양도자기 공장장보다 더 높지요. 그는 인민예술가國葬級를 거쳐 '김일성 계관桂冠'까지 됐습니다. 장관급이지요. 자식 둘이 청자 사업을 잇고 있을 겁니다."

일본에서 건너와 광복 한국 땅에서 청자를 만들었던 조소수의 아들이 다시 분단 이후 평양에서 청자를 만들었으니, 이보다 곡절 깊은 사연도 없을 듯하다. 그의 말대로 북한에 남겨진 자식 둘이 지금 청자사업을 하고 있다면, 그 또한 구절양장九折羊腸의 기막힌 스토리다. 현재 추진되고 있는 남북 평화체제가 완성되어 자유로운 왕복이 가능해진다면, 과연 그의 남매가 청자를 만들고 있을지, 북한의 도자기 산업은 어느 정도 수준에 와 있을지 확인할 수 있을 것이다.

경기도 이천시 모가면에 그가 이사장인 광주요 도자문화연구소가 있다. 한복판에는 광호요廣湖窯라는 간판이 걸린 가마가 있다. '광호'는 바로 그의 아버지 조소수의 호다. 조소수의 가마는 이렇게 일제 강점과 분단의 아픔을 동시에 안고 있다.

'광주요'가 한식 세계화를 앞장서서 이끌다

위의 사연으로 광주요를 크게 일으킨 사람은 조태권이다. 조태권 현 광주요 그룹 회장의 생각을 가장 잘 나타내는 표현은 '밥상이 나라의 운명을 바꾼다!'는 슬로건이다.

1973년 미국 미주리대학교 공업경영학과를 졸업하고 대우실업에 입사해 글로벌 시장을 누비던 비즈니스맨이었던 조태권은 1988년 조소수의 타계와 함께 가업으로 광주요를 물려받으면서 비로소 도자기와 한국 문화에 관심을 가지게 되었다.

한국 고유의 도자기를 알게 되면서 거기에 어울리는 음식과 술 그리고 이를 대접할 최고급 식당에까지 시선을 돌리게 되었다. 사업가다운 발상, 외연의 확장이다. 광주요에서 구매한 후 사용한 그릇도 다시 가져오면 새 것으로 바꿔주는 마케팅을 전개한 것도 그가 비즈니스맨 출신이었기 때문에 가능했을 것이다.

광주요에 있는 오름가마

아름다운 도자기 그릇과 그 안에 담긴 맛있는 음식 그리고 이에 걸맞은 술, 이 세 가지가 안성맞춤으로 어우러진다면 그 이상 최고의 문화는 없을 터다. 그래서 그는 2007년 미국 나파밸리에서 국내외 미식가들을 초청해 광주요의 도자기와 가온의 요리, 화요의 전통주를 결합한 고급 한식을 선보였다. 이 만찬이 국내에 소개되면서 한식 세계화라는 화두에 불씨를 댕겼다.

광주요 오름가마를 설명하는 안내판

그는 평소 한식의 5천년 이야기를 담아 새로운 전통으로 창조하는 것이 강력한 국가 브랜드를 만들고, 문화 강국으로 가는 첩경임을 역설한다. 또한 '문화는 축적되어 사라지지 않는 것'이라고 강조한다. '음식을 담는 그릇이 음식 문화의 품격을 결정하고, 국민이 품격 있게 먹어야 나라의 품격도 올라간다'는 신념의 반영이고, 그런 믿음을 갖고 각 공정의 장인들이 고려청자와 조선백자를 생산했다. 광주요가 정상 궤도에 들어서면서 '도자기에 맛 좋고 몸에 좋은 음식을 담으면 어떨까?'라는 그의 생각이 2003년 한식당 '가온'과 '비채나'로 이어졌다.

그는 또 음식에 어울리는 술이 필요했다. 그런 그가 지난 2005년 내놓은 것이 전통 증류식 소주 '화요'다. '화요'는 밀 누룩 대신 100% 쌀로 빚은 술로, 압력을 낮춘 상태에서 섭씨 33~45도의 저온에서 증류한다. 옹기에서

3~6개월간 숙성해 향을 더했다. 17도에서 53도까지 도수도 다양하다. '화요' 는 현재 미국, 호주, 프랑스, 이탈리아, 중국, 인도네시아 등 9개국에 수출되고 있다.

다음은 한국을 세계에 알리는 정부의 포털인 '코리아넷' 2016년 2월 12일 기사로 실린 조태권의 인터뷰 중 일부를 발췌한 내용이다.

– 광주요의 역사는?

"제가 중학교 다닐 때, 부친께서 도자기 사업을 시작하셨어요. 일본에서 대접받는 우리 도자기가 왜 한국에선 홀대를 받고 무시당하고 있는 것에 대해 한탄하시고 어떻게 해서든 그 가치를 재현해보고 싶은 마음에 1963년 경기도 이천에 '광주요'를 여셨죠. 도자기로 한국 미美의 가치를 재창조해내려고 노력하신 아버지는 차를 하나 마시는 것도, 꽃 하나를 도자기에 꽂는 것도 '도道'로 생각하셨어요. 가장 자연스러운 것을 가장 화려함 속에 넣으면서 조화롭게 만드는 것은 '무無에서 유有를 창조'하는 것이라고 봤어요. 당시 한국에는 도자기 시장이 없었어요. 그래서 일본의 도자기 시장을 연결시켜서 생산하고 팔기 시작했어요.

일본의 다도茶道는 찻잔에도 그들만의 정서와 아름다움의 기준이 있습니다. 하지만 당시에 우리 도자기는 그런 기준이 없었죠. 아버지는 그 기준을 만들기 위해 노력하셨어요. 스스로 철저히 공부하면서 도자기 만드는 법을 연구하셨어요. 유약이 자연스럽게 흘러내리는 것을 통해 그 도자기만이 가진 자연스러운 '풍경'을 즐기셨죠. 그것이 똑같은 도자기가 만들어질 수 없는 이유예요.

광주요 도자기 아웃렛에 전시되어 있는 도자기들

경기도 이천시 신둔면 경충대로에 있는 광주요

각지의 유명 도공들을 경기도 이천으로 불러들여서 도자기를 만들었어요. 아버지는 이곳에서 만든 도자기 작품들을 일본으로 가져가서 선을 보였어요. 한국 도자기 붐이 일어났죠. 광주요 도자기는 아직도 일본에서 인정을 받고 있어요. 그때 만들어진 그릇을 '가온'과 '비채나'에서도 사용하고 있어요. 그만큼 가치 있는 음식을 여기에 담아보자는 의미에서 말이죠. 1988년 아버지께서 돌아가시자 저밖에 가업을 이어나갈 사람이 없었어요. 그때는 어머니를 기쁘게 해드린다는 의미에서 사업을 맡았어요."

– 도자기 사업은 전혀 다른 분야인데 두려움은 없었나?

"지금까지 해왔던 일들과 전혀 다른 사업이지만 지금까지 세계를 누비며 그보다 더 어려운 사업들을 해봤기 때문에 '이거야 뭐 아무것도 아니지'라는 자신감이 있었어요. 사업을 물려받고 나서야 고민이 시작됐죠. 제 고민은 우리나라에서 최고의 도자기를 만드는 것이 아니라 '어떻게 하면 세계 최고의 차별화된 우리 도자기를 만들까?'였어요. 그 해답을 찾기 위해 도공들과 함께 박물관을 순례하고 관련 책도 읽고 옛 도자기를 분석하며 공부를 열심히 했어요."

– 당신에게 그릇과 음식은 어떤 의미인가?

"음식이 몸이라면 그릇은 옷이에요. 화려하게 화장을 했으면 좀더 소박하고 점잖게 옷을 입는 것이 멋있는 것처럼 음식 역시 화려하면 그릇은 보다 심플하고 깔끔한 것을 써서 그 멋을 더하는 거죠. 음식의 모든 것은 미적 감각을 자극하는 겁니다. 그런 점에서 도자기와 음식은 떼려야 뗄 수 없는 관계죠. 음식이든 그릇이든 자연으로 만들어지고, 자연스럽게 조화를 이룰 때 가장 아름답죠."

이천의 '3대 물레대장'과 그 제자들

이천 도자기 1세대 3인은 각자 역할은 조금씩 달랐지만 해방 이후 척박하기 그지없는 이천 지역에서 도자기를 처음 만들기 시작하여 질적 수준을 높였다. 또한 이를 국내외에 널리 소개했으며, 후진 양성에도 기여했다는 점에서 그 업적은 크게 빛날 수밖에 없다.

여기에 처음에는 칠기 사기장으로 출발하여 태동기에서부터 도자기 제작에 참여한 홍재표, 고영재, 이정하와 대방동 시절부터 오랜 세월 사기장의 길을 걸어온 고명순, 김완배, 김종호, 김문식, 현무남, 윤석준 등도 전통 도예 기능 보급과 확산에 한몫을 담당했던 숨은 공로자로 평가해야 할 것이다.

그런데 홍재표, 고영재, 이정하 이들 3인은 이천 최고의 '3대 물레대장大匠'이라 할 수 있다. '물레대장'은 물레를 최고로 잘 차는 사람으로, 가장 기능이 숙련된 사람이 물레를 맡았으므로, 물레대장이 곧 그 공방의 우두머리라고 할 수 있다. '물레를 돌린다'라고 하지 않고, '물레를 찬다'라는 표현을 쓰는 것은 옛날엔 물레를 모두 발로 차서 돌리는 형태였기 때문이다.

아무튼 기량이 뛰어난 이들 물레대장이 있었기 때문에 이천 도예촌이 확실하고도 빠르게 자리잡을 수 있었다는 사실은 아무도 부인하지 못한다. 이들의 이름은 1세대 3인의 이름에 가려서 일반인들은 잘 알지 못하지만 그 공적은 결코 뒤지지 않는 것이다.

먼저 토정土丁 홍재표洪在杓, 1932~2014부터 보도록 하자. 홍재표는 1946년 초등학교를 졸업하자마자 열세 살 때부터 부친 홍순환이 하던 칠기가마에서 도예 수업을 시작했다. 이 당시 홍순환이 운영하던 칠기가마는 서울은 물론 멀리 강화도까지 도붓장수들에 의해 팔려나갔다.

1952년 홍순환이 사망하면서 가마를 물려받은 그는 앞서 말한 것처럼 1958년 지순탁, 고영재와 손을 잡고 칠기가마 자리에 '수금도요'를 열었다. 이때부터 분청을 시작으로 청자, 백자 등을 생산했다. 그러나 부채 누적으로 도산을 하고, 조소수가 그 공장을 인수해 광주요를 만들었다.

홍재표가 홍익대학교 도예과 학생들의 전통도자기 실기 지도 등을 하면서 좌절과 역경의 세월을 딛고 옛 공장 주변에 지금의 이조요李朝窯를 다시 만든 것이 1974년이다. 1975년에 일본 도쿄에서 첫 개인전을 가진 이후 수차례 일본 개인전을 개최했다. 1979년 일본 시즈오카靜岡 다도회 초청으로 전시회

토정가 3대의 모습

를 가졌고, 다음 해에는 일본 규슈 지방을 순회하면서 '한국 발물레' 기량을 보여주었다. 1982년에는 그를 주인공으로 한 영화 「전통도예」가 대종상 문화영화 부문에서 최우수작품상을 받았다.

1983년 일본 교토 시장으로부터 한일 문화교류에 기여한 공로로 감사장을 받았고, 1984년에는 이와나미ᅗ波서점의 도자 전문서적에 '전승의 장작가마에서 천년의 꿈을 꾸는 홍재표'로 소개되었다. 1988년에는 국제 도자기 워크숍 전통 도자 한국 대표로 참석해 3개월 동안 미국의 20여 개 주립대학을 돌며 초청 실연회를 가졌다.

그의 작품은 현재 영국 대영박물관에도 소장되어 있으며 경기도자박물관에서는 그가 작업하는 전 과정을 녹화해 영상교육 자료로 활용하고 있다.

앞에서도 언급했지만 홍재표는 우리나라 도예사에서 두 가지 의미를 갖는다. 하나는 60여 년 동안 발물레와 전통 장작가마를 고수해온 것이고, 또 하나는 국내에서 맥이 끊어졌던 '진사辰砂'를 1970년대에 재현한 것이다.

홍재표는 청자도 잘 만들었지만 주특기는 '진사'였다. 진사는 구리를 유약 재료로 써서 1,300~1,500도의 고온에서 구워내 '꽃 자줏빛의 붉은색'을 띤 도자기를 말한다. 그러나 한국 도자사에서는 청자나 백자만큼 조명을 받지 못하고, 조선시대 이후 자취를 감췄다. 화려함을 배격한 유교의 영향 때문인 것으로 보인다.

홍재표는 평소 "청자나 백자는 물론, 화려한 중국의 진사와도 다른 우리 고유의 진사야말로 도자의 꽃이다. 한국 자기를 청자, 분청, 백자 등으로 구분하는 것은 일본의 '못 박기'였다. 고려시대부터 전해진 진사야말로 중국과 일본을 앞선 한국의 고유 도예였다"라고 강조해왔다.

진사 도자기는 은은하게 배어나는 붉은 색이 생명이다. "붉은색이되 닭의 피鷄血 같은 선홍색, 우리 전래의 오방색五方色이 섞여 만났을 때 이런 색이 우러난다. 불이 토해낸 부분은 붉고, 불이 잡아먹은 부분은 색이 바랜다"는 것이 토정의 생전 지론이다.

진사는 손으로 그린 문양이 전혀 없이 가마 안 장작불의 변화에 따른 우연의 효과, 즉 요변窯變을 최고의 가치로 여긴다. 물레 성형에서 유약 배합, 불 때기에 이르기까지 전 과정에서 기계의 힘이 일체 사용되지 않는다.

토정은 1970년대 초반 진사 기법을 재현하는 데 성공한 이후 평생 이러한 진사에 몰두했다. 고유의 색을 얻기 위해 가스 가마의 사용을 거부하고 장작 가마만 고집했다. 산화구리, 돌가루와 나뭇재 등을 배합한 유약을 바르고 이틀을 구우면 가마 안 요변에 의해 사기장도 결코 미리 알 수 없는 진사의 색과 무늬가 나타난다. 가마 안 변화뿐 아니라 바깥 기온 등 날씨도 진사의 완성에 커다란 영향을 미친다. 구운 뒤 서서히 식힌 다음 가마를 열면, 작품이 되는 확률은 5%에도 채 못 미친다.

한편 홍재표는 1999년에 이조요를 장남 홍성문에게 물려주었다. 이조요는 현재 홍재표의 호를 다시 가져와 '토정가土丁家'로 이름을 바꾸고 3대째 이어지는 도예가로 활발한 활동을 하고 있다.

홍성문은 2000년 장작가마 설계도면 규격화, 2004년 장작가마 연료의 규격화, 2006년 장작가마의 진사 유약 소성 현대화 및 전통가마의 연료 절감과 매연 저감장치 개발, 2012년 소성 범위가 넓은 청화백자 안료 개발 등 전통의 현대화 작업에 많은 노력을 기울이고 있다.

백석白石 이정하李貞夏, 1929~1999와 도선陶仙 고영재高英在, 1928~1988에 대해서는 기록도 거의 없고, 자세한 내용을 알고 있는 이도 드물다.

다만 원로 세대 다수의 장인들은 이정하를 '물레의 달인' 또는 '최고의 물레대장'으로 손꼽는 데 주저하지 않는다. 다음은 2대 해강 유광열의 증언이다.

> "물레는 이정하가 최고였다. 탁월한 감각으로 물레를 돌려 최고의 성형을 보여주었다. 60년대 대학생들이 스케치를 가져오면 이정하가 대신 성형해서 기물을 만들어 초벌구이를 해서 주었다. 그렇게 해서 준 작품으로 학생이 상을 받는 경우도 있었다."

해주 엄기환과 2004년 대한민국 명장이 된 항산 임항택이 이정하의 제자다. 이정하는 마을 이름을 따서 자신의 가마 이름을 지었는데 엄기환은 이렇게 기억한다.

"수광도요에는 60년대 중반부터 70년대 초에는 서울에서 학생들이 내려와 여름방학과 겨울방학이 되면 요장이 항상 학생들로 대성황을 이뤘다."

"(수광도요는) 서울 남대문 꽃시장과 도자기 가게에 안대선이라는 상인과 계약을 해서, 나오는 도자기가 모두 서울로 올라갔다. 가마를 때고 나면 열이 식을 때까지 며칠을 기다려야 했는데, 시간이 급한 상인들이 충분히 식을 때까지 기다리지 못하고 빨리 문을 열었는데, 가마안 온도가 마치 한증막처럼 높으니까 젖은 수건 등으로 얼굴과 팔을 가리고 들어가 기물을 꺼내기도 하는 진풍경이 벌어지기도 했다."

"장사가 이렇게 잘되니까 당시 공장장이었던 문복만보다 유약을 다루는 양재화가 월급을 훨씬 더 많이 받아가게 되었다. 야간작업이 많아져서 수당도 더 많아졌기 때문이다. 제품 판매도 잘되고, 학생 작품도 많이 해서 (이정하는) 꽤 돈을 많이 벌었다. 그래서 손주를 빨리 봐야 한다고 당시 고등학교 2학년이었던 아들 이범식에게 가발을 씌워서 결혼을 시켰다. 1979년에는 박정희 대통령의 모습을 묘사한 도자 작품을 주문을 받아 만들기 시작했는데 다 아는 것처럼 10·26 사건으로 박대통령이 사망하는 바람에 없었던 일이 돼버렸다."

3대 물레대장은 모두 술을 좋아하고 잘 마시는 '말술 대장'이기도 했다.

엄기환은 "당시 점촌에서 일하는 분들은 모두 약주를 좋아했다. 일할 때 배도 고프고 힘이 많이 들기 때문에 술을 마실 수밖에 없었다"고 말한다.

한편 대방동 가마 소성부에서 물레대장으로 일했던 고명순의 아들인 고영재 역시 동국요에서 물레대장으로 이름을 날렸다. 또한 공장장으로 일하면서 많은 도예가들을 길러냈다.

청자와 백자, 분청사기를 모두 아우르는 드문 장인으로서 만년에는 '만인의 스승, 일자사一字師'라는 별칭을 얻기도 했던 우송요又松窯 김대희 1952~2013, 강진문화유산 제39호인 강진 청우요의 청자장유악 윤윤섭, 문경 관욱요 김종욱, 이천 소산도예 한호연 등이 모두 그에게서 흙과 물레를 배운 장인들이다.

스승에 대한 김대희의 회상이다.[30] 이제는 그도 고인이 되었다.

"어느 때는 옆에서 지켜보던 선생님이 흙뭉치를 제 등에 집어던지기도 하고, 겨울철 꽁꽁 얼어붙은 흙을 발과 손으로 녹이라고도 했다. 한순간 '왜 이러시나'하는 생각이 들었지만, 그런 과정은 결국 흙을 이해하는 기초가 되었다."

2013년 한국예술문화단체총연합회의 전통공예 명인으로 선정된 한호연1958~은 고영재의 사위다. 1978년에 도자의 길에 입문해 1987년부터 고영재 밑에서 도예를 배우다 스승의 둘째딸인 고인자와 결혼했다.

고영재는 특히 혁산赫山 방철주方澈柱,1922~의 동국요에서 그와 함께 청자와

---

30 「세계일보」 2005년 3월 13일자

도선 고영재 '백자청화국화문호', 해주도자박물관 소장

백자 재현에 많은 공헌을 했다. 서울 출신인 방철주는 마흔 살의 늦은 나이인 1967년 도예계에 입문해 이천 수하리水下里에 자신의 가마를 설립했다. 방철주의 입문이 이렇게 늦었으므로, 동국요가 세운 많은 업적에 고영재의 물레 솜씨는 필수적이라고 할 수 있다.

동국요는 수년간의 실험과 고초 끝에 1975년 강진군 대구면 계율리에서 고려시대의 것과 가장 비슷하다고 추정되는 태토를 직접 발견하였고, 이 흙으로 여느 재현 청자와는 다른 푸르고 청명한 비색 고려청자를 만들어냈다. 당시 국립중앙박물관장이었던 최순우가 동국요 작품이 12세기 고려청자의 색상과 형태에 가장 근접해 있다면서 격려했고, 그의 추천으로 1976년 일본 교토국립미술관에서 열렸던 '한국미술 오천년 전'의 도자기 부문 출품작 상당수가 동국요 작품으로 채워지기도 했다.

또 동국요는 삼성그룹 고 이병철 회장의 적극적인 배려로 서울 신세계백화점에서 1977년 국내 첫 전시회를 가졌다. 이 작품전에는 보물 346호 '청자진사목단문매병靑磁辰砂牧丹文梅甁' 모작 등 청자 60여 점, 백자 40여 점 그리고 분청사기가 10여 점 등을 선보였다.

이상 홍재표, 고영재, 이정하 '3대 물레대장'에 대해 간략하게 살펴보았지만, 이들에 대한 기록은 정말 형편없을 정도로 부족하다. 더구나 이제 겨우 꽃을 틔우기 시작한 진사의 숨통을 개척한 사람들이 바로 이들 '3대 물레대장'이라는 점에서 더더욱 주목과 가치 부여가 필요하다. 이들에 대해서는 더 늦기 전에 이천시와 도자재단이 지속적으로 사료를 개발하고 수집하며 이들을 소개하는 전문 자료를 내놓기를 기대한다.

4

한일 국교 정상화가
'이천 청자'를 부흥시킨 슬픈 아이러니

청자,
없어서 못 팔다

1950년대 후반부터 시작된 현대 이천 도예 역사는 도예촌의 형성과 발전을
중심으로 대략 다음처럼 구분하여 정리할 수 있다.

　① 도예촌 발생기 : 1958년~1965년

　② 도예촌 형성기 : 1965년~1974년

　③ 도예촌 발전기 : 1975년~2001년 세계도자엑스포 개최

　④ 새로운 진로 모색기 : 현재

　1960년대에 이천의 전승 가마는 4개에 불과했다. 다시 정리해보자면 유
근형의 '고려청자연구소[1960년 설립]', 조소수의 '광주요[1963]', 신상호의 '도방요
[1965]', 지순탁의 '고려도요[1966]'다. 홍재표, 지순탁, 고영재 등이 설립한 '수금도

요¹⁹⁵⁸'가 최초의 요장이었으나 앞서 말한 것처럼 이를 조소수가 인수해 이름을 바꾸었다. 이 중에서 송남松南 신상호에 대해서는 잠시 뒤에서 이야기하도록 하겠다.

칠기가마 한두 칸을 빌려 옹색하게 전통 도자를 제작하던 이천 도예촌이 짧은 기간 동안 빠르게 성장할 수 있었던 배경에는 1965년 한일 국교 정상화가 있었다. 1965년 한일협정 체결 이후 10여 년에 걸친 도예촌 형성기의 이천 도자기는 일본인들에 의해 사상 유례를 찾을 수 없는 최상의 호경기를 맞는다. 증언에 따르면 일본인 관광객과 이들을 상대로 한 상인들이 다투어 도자기를 사가는 데 미처 만들지 못할 정도였다고 한다. 판매 대금으로 받은 돈을 일일이 확인할 틈이 없어서 부대 자루에 쓸어 담을 정도였다는 이야기도 흔하게 나온다.

다음은 대한민국 명장 14호인 '한도요'의 서광수 증언이다. 그는 지순탁의 고려도요에서 12년 동안 일했다.

"지순탁 선생이 일본 사람들을 다 끌고 와 이천을 살렸다. 1960년대부터 일본인들이 자연미를 지닌 우리 작품들에 눈이 떴다. 중국의 화려함이나 일본의 깔끔함과 정교함보다 우리 고유의 우직함, 거친 맛, 중후한 자연미에 매료되었던 것이다. 일본인들도 우리 전통 도자기들을 흉내 냈지만 우리처럼 불의 혼으로 모양과 색깔이 나오는 도예 기법은 흉내 내지 못했다. 그때 지순탁 선생 가마에서 막사발, 청자, 백자 등이 매달 수천 개씩 일본으로 수출됐다. 나는 성형실장으로 일하면서 매일 밤샘 작업을 했다. 고려도요가 잘 나갈 때는 직원이 100명이 넘었다. 대장실에만 30여 명이 있을 정도였다. 정말 제품이 없어서 못 팔았다.

고려도요가 「아사히^{朝日}신문」 한 면 전체를 다 채워 보도됐고, NHK TV 에서 가마를 한 달 동안 촬영하며 생중계로 내보내기도 했다."

지순탁 가마에서 사기장 생활을 시작했고, 유근형 밑에서도 일했던 2003년 선정 이천시 명장^{조각} 부문 송월요^{松月窯} 김종호의 증언도 비슷하다. 서울 왕십리 출신인 김종호는 이천 사기장 1세대 김완배 아들로 소년 시절 도자에 입문해 60여 년의 세월 동안 13세기 이후 단절되었던 고려청자의 아름다움을 되살리는 데 매진해왔다.

"당시는 청자가 없어서 못 팔았다. 심지어 한 달에 두세 번씩 불을 때기도 했다. 가마에서 도자기를 꺼낼 때 작품들을 무더기로 묶어서 대충 나누어놓았다. 그러면 상인들이 자기들끼리 제비를 뽑아서 순번을 정해 가져가곤 했다. 해강 공장은 가마를 열 때마다 땅을 샀다. 그만큼 돈이 많이 들어왔다. 가마를 열 때면 사람들이 이번에는 어디 땅을 살까, 라고 궁금해하곤 했다."

김종호의 부친 김완배도 원래는 충남 서산에서 60년대까지 칠기공장을 운영하던 사람이었다. 그러다가 서울로 올라와 대방동 가마에서 백자를 만들었다. 그 역시 아버지에게서 조각을 배웠고, 18세부터는 대방동 가마에서 불 때는 일을 도왔지만 봉급을 주지 않아 2년 반 만에 그만뒀다.

"대방동 가마에서 일했던 '시다^{허드렛일을 하는 맨 밑의 종업원}' 5명 가운데 이제 유일하게 나만 남았다. 대방동 가마에서 나와 화양동 옆에 있는 괴산 청천리에 가서 칠기가마를 하고 있는데, 하루는 고려도요에서 물레대장을 하던 김낙수가 찾아왔다. 청자가 없어서 못 팔 때니까 일손이 급히 필요해져서 나를 데리러 온 것이다. 이천으로 온 게 1971년이었다. 기존에 있던 칠기공장에서 조그만 물건을 만들어 인사동에 팔기 시작했는데, 그때부터 유명세를 타기 시작했다."

2대 해강 유광열은 아무래도 아버지 가마의 일이었던 만큼 더 기억이 생생하다.

"당시 명동 코스모스 백화점[31]과 소공동 지하상가반도조선 아케이드 상인들이 일본인들과 연결되는 주고객이었다. 초창기에는 이들이 생명줄이나 다름없었다. 그런데 70년대 중반 이후 물건이 부족하니까 가격이 계속 올라갔고, 상인들끼리 서로 매점 경쟁이 치열해졌다. 한번 가마를 열면 상인 5명 정도를 불렀는데, 자기들끼리 제비뽑기를 했다. 그런데 머리 좋은 사람은 사전에 미리 와서 자기가 가져갈 몫을 몰래 감추어 놓았다가 자기 순번이 오면 그걸 가져가는 일도 벌어졌다. 아버지 생신이 되면 금메달 선물이 들어오는 일도 흔했다."

이렇게 국내에서 아무도 관심조차 기울이지 않던 1960~70년대는 이천 도자기의 전통과 조형성을 인정해준 일본인들이 중요한 고객이었고, 일본 시장이 거의 유일한 소비 창구였다.

---

31 1970년에 생겨 1992년 문을 닫았다. 지금은 '눈스퀘어'가 되었다.

일제강점기 민족문화에 대한 말살정책으로 우리 전통 도자기를 고사시켰던 일본인들이 역설적으로 겨우 명맥을 이어온 전통 도자기를 발전시킨 일등 공로자로 등장한 것이다.

그러나 일본인들의 기호를 따르다 보니 지나치게 일본인들의 취향만을 의식한다거나 너무 상업성에만 치중하게 되는 바람직하지 못한 현상도 생겨났다. 밀려드는 수요에 맞춰 빠르게 기술 개발이 이루어진 반면, 이 시기의 전승도자는 일본인 취향에 맞게 제작되었고, 종류도 다완과 전통 자기 모조품이 상당수였다.

일본 상인들이 버려놓은 도자 관련 순수 우리말

또한 한일 국교 정상화가 도자 관련 순수 우리말이 거의 사라지게 만든 것도 엄청난 아이러니이자 폐해라고 할 수 있다. 청파요를 운영하면서 이천문화원장을 12년 동안 역임한 이은구[1943~]는 이 상황에 대해 매우 안타까워했다.

> "일제강점기를 거쳤지만 한국전쟁 이후에도 도자기 제작과 관련한 우리말이 거의 살아 있었다. 그런데 한일 국교 정상화가 되고 일본인들이 쏟아져 들어오면서 점차 사라지기 시작했다. 일본 상인들과 대화하려니 자꾸 일본 용어를 사용하게 됐고 그게 지금처럼 굳어진 것이다."

이은구가 강조한 것처럼 지금 도예 용어의 상당수는 일본식 단어들이다. 가장 대표적인 말이 도공陶工이라는 단어로, 이는 사기장으로 바꿔 써야 한다. 초벌구이도 '끌먹'이라고 하는 너무나 예쁜 우리말이 있다. 흔히 '소지'라고 말하는 태토胎土도 '질' 혹은 '질흙'이라고 하는 우리말이 있다. 도자기를 만드는 흙인 질은 점력이 강한 것을 '찰갱이'라 하고, 약한 것을 '메질'이라 한다. 또 이를 내화도로 따져서 내화력이 강한 것을 '미사구'라 하며 약한 것을 '무릉팅'이라 한다.

모래가 많이 섞인 흙모래흙,사토을 도자기를 만들 수 있는 흙으로 정선하기 위해 흙을 물속에 넣고 휘저어 잡물을 없애고 가라앉혀 앙금을 걸러내는 작업인 수비水飛 역시 '톳물받기'란 말이 있고, 수비가 끝난 질흙을 그릇 만들기에 알맞게 반죽을 하여 물레에 올려놓을 수 있는 크기로 만든 것을 '꼬박'이라 한다. 이 꼬박을 물레에서 발로 차서 손으로 그릇 모양으로 만드는 것이다.

그릇 모양이 형성되면 바닥을 철사로 끊어 그늘에서 말린다. 굽깎이磨造,마조는 도자기가 가마에서 소성된 다음 꺼내야 하기에 굽이 가마 안의 접지면에 부착되지 않도록 하는 기초 작업이며 성형의 마무리 작업과 아울러 기벽의 두께를 조절하여 변형을 막아주는 역할도 한다. 건조된 용기는 질흙을 칠한 물레 위에 얹어 'ㄱ'자형의 굽쇠가리새로 깎아낸다.

잿물은 그릇의 표면에 얇게 씌워서 광택과 색채 또는 문양을 내어주는 유리질의 분말로 '묵보래' 또는 '미음물'이라도 부른다. 이러한 잿물은 끌목을 한 그릇에 바른 후 잿물구이재벌구이를 한다.

일본인 다니 준세이의 고려청자 조작 사기극

또한 나중의 일이지만 일본인들에 의한 호황은 고려청자 조작이라는 국제 사기극이 발생하는 원인이 되기도 했다. 이천 도예가 사이에서 소위 '다니 사기극'이라고 불리고 있는 이 사건은 일본 도자기 중간상인 다니 준세이谷俊成가 고려청자의 국제적 명성을 등에 업고 자신이 이를 복원했다며 10여 년 동안이나 고려청자 전문가로 자임, 국제 전시회를 개최해 돈을 벌어들인 희대의 사기극이다.

다니는 60년대부터 고려청자에 매료돼 도자기 무역회사인 '다니통상'을 차린 뒤 70년대부터 이천 지역 도자기를 구입해 일본 애호가들에게 판매해 국내에도 알려진 인물이었다. 충격적인 사기극은 2000년 11월에야 밝혀졌는데, 이천도자기협동조합은 11월 27일 "다니 준세이당시 72세가 이천 도예가들의 고려청자 작품을 사들인 뒤, '목인木人'이란 자신의 낙관을 찍어 이탈리아, 프랑스 등에서 전시 판매했다"고 밝혔다. 일본의 「도쿄東京신문」도 이날 1면에 '고려청자 복원은 거짓말'이라는 제목의 머리기사로 다니의 사기극을 대서특필했다.

이천도자기협동조합과 「도쿄신문」 등에 따르면 다니는 1972년 초 해강 유근형1993년 작고과 우현又玄 이기휴李奇休, 1945~1990 등이 원본에 가깝게 복원한 고려청자를 사들여 일본에 판매해오다 두 도예가가 작고한 뒤 본격적으로 사기극을 벌여왔다.

다니는 작고한 명장들의 작품을 자신의 카탈로그에 자신이 만든 것처럼 싣고 1990년 '레어 메탈Rare Metal 기술을 응용한 고려청자의 유약이나 청자를 빚는 흙 등 고려청자를 복원할 수 있는 비법을 찾아내 누구도 해내지 못한 고려청자 복원에 성공했다'고 발표했다. 이렇게 이목을 끈 뒤 이듬해에는 일본 아키타秋田현립미술관에서 사기 전시회를 열었다. 1993년 유네스코 파리본부, 1995년 이탈리아 피렌체와 밀라노에서 도예전을 열었고, 밀라노에서는 최고의 영예인 '안브로지노 금화상'을 수상하기도 했다.

특히 1997년에는 일본 외무대신 표창과 은배를 수상한 데 이어 일본 미술작가명감名鑑에도 이천 도예가 작품들을 버젓이 자신의 이름으로 올렸다. 사기극이 밝혀지기 직전인 2000년 10월에도 주오스트리아 일본대사관, 일본국제교류기금, 교토 시 후원으로 오스트리아 빈에서 개인전을 열었다.

다니는 해강으로부터 청자를 구입하기 어렵게 되자, 해강에게 기술을 전수받고 독립한 이기휴에게 도자기를 사들였다. 또한 이기휴가 작고한 다음에는 그의 제자인 박병호朴秉浩, 1962~가 1993년 서광요瑞光窯를 만들어 독립하자, 그 다음 해부터 그에게 청자를 사들였다. 박병호는 사건이 터진 당시 "예전부터 알고 있던 다니 씨가 자신의 낙관을 찍은 고려청자를 만들어 달라고 해 지금까지 구룡정병, 어룡향로 등 고려시대 유물을 본뜬 작품 20여 점을 판매했다"고 밝혔다.[32]

다니의 사기 행각은 그가 2000년 4월 4일자 「니혼게이자이日本經濟신문」 문화면에 '고려청자 환상의 기법을 풀었다'는 기고문을 내면서 꼬리가 잡히기 시작했다. 그는 이 글에서 '한국 정부와 도예가들로부터 고려청자 복원 의뢰를 받고 80년대 중반에 청자 유약에 어떤 금속이 사용되는지를 규명했다'며 '30년 전부터 고려청자 복원에 매달려 지금까지 1,200종에 달하는 작품을 제작했다'고 주장했다.

그런데 이를 의아하게 여긴 일본 와세다早稻田대학 교육학과 고바야시 야스히로小林保治, 1938~ 교수가 이천 동국요 방철주에게 문제의 기고문을 보여줬고, 거짓임을 확인한 방철주 등 이천 도예가들과 정양모鄭良謨, 1934~ 전 국립중앙박물관장이 끈질기게 항의해 다니의 사죄를 받아낸 것이다. 다니는 11월

---

32 「동아일보」 2000년 11월 27일자

26일 이천도자기협동조합 사무실에서 고려청자 위조를 인정하고 공식 사과했다.

이 사건과 관련해 유광열은 "70~80년대에 청자 조각은 아버지, 이기휴, 최인규 이 세 분이 최고였다"고 회고한다. 다니도 그걸 알고 처음은 해강에게, 그 다음은 이기휴에게 접근했다는 것이다.

2005년 이천시 도자기 명장에 이어 2017년 대한민국 명장으로 선정된 장휘요獎輝窯 최인규 역시 유근형 밑에서 일을 배운 장인이다. 그에 대해서는 다음 장에서 알아보도록 하자.

최인규는 다니의 사기극에 대해 이렇게 말한다.

> "이렇게이렇게 해주면 얼마 주겠다, 그러니까 거기에 결국 협조했으니까 우리도 책임이 많이 있는 편이다."

우리는 청자를 제대로 알리지 못했는데, 일본인 상인이 세계에 알린 것 역시 쓰라린 대목이다. 2000년 11월 28일 「MBC 뉴스」에서 전 국립중앙박물관장 정양모 씨는 이렇게 인터뷰했다.

> "조형성에 서양 사람이 깊은 관심을 가졌다는 얘기예요. 우리는 그렇게 아직 못했잖아요."

결국 '문화의 세기'라는 21세기 첫 해에 터진 고려청자 사기극은 우리의 전통문화를 세계에 알리는 데 얼마나 소홀하고 있는지 뒤를 돌아보는 계기가 되었다. 그러나 이로부터 20여 년이 다시 흐른 지금, 우리는 똑같은 질문

- 한옥으로 지어진 예스파크 안내소
- 예스파크의 가로등은 도자기로 디자인되어 있다.

과 반성을 하고 있지는 않은지……. 도자기 역시 결국 사주는 사람이 있어야만 발전과 계승이 있을 수 있는 것이다. 다니의 사기극은 우리에게도 반성할 점이 많다.

그런데 다니의 사기극이 밝혀진 2000년 11월은 공교롭게도 일본 고고학자가 저지른 희대의 구석기 유물 조작 사건이 폭로된 시기이기도 하다.

그 해 11월 5일 일본 「마이니치신문毎日新聞」은 미야기宮城 현 가미타카모리上高森 유적지 발굴 조사단장이며, 도호쿠 구석기문화연구소 부이사장이기도 한 후지무라 신이치藤村新一, 당시 50세가 자신이 소장하고 있던 구석기 유물을 유적지에 파묻고 이를 다시 캐내 발굴한 것처럼 조작했다고 폭로했다. 10월 22일 새벽 후지무라가 유적지에 혼자 구덩이를 파고 유물을 파묻는 장면을 「마이니치신문」이 비디오로 촬영하는 데 성공한 것이다.

「마이니치신문」 폭로 이전인 10월 말 일본 고고학 발굴단은 이 유적지에서 70만 년 전 석기 31점을 발견했다고 발표했다. 이 발견은 일본에 전기 구석기 문명이 존재했음을 증명하는 것이라 세계 고고학계의 주목을 받았다.

후지무라의 이 같은 역사 날조는 일본이 한국이나 중국보다 역사가 더 오래되었음을 알리고 그들의 문화 연대가 더 올라간다는 것을 증명해야 한다는 콤플렉스의 산물이다. 그런 강박관념이 결국은 희대의 사기극과 날조로 나타난 것이다. 그는 이에 앞서 발견한 홋카이도 소신후도자카總進不動坂 유적 석기도 자신이 조작한 것이라고 털어놓을 수밖에 없었다. 「마이니치신문」이 9월 5일 이곳에서도 그가 현장에 유물을 파묻는 영상을 촬영했기 때문이다. 결국 소신후도자카는 발굴된 석기 29점 모두, 가미타카모리는 69점 중 65점이 후지무라가 다른 곳에서 발견한 석기 등을 파묻어 조작한 것으로 판명됐다.

한국은 지난 1970년대 후반에 발견된 경기도 연천군 전곡리의 구석기 유적지가 세계 고고학계에서 '전곡문화'라는 이름으로 30만 년 전 유적지로 공인을 받았고, 그 외에도 여러 구석기 유적들이 속속 발견되고 있는 실정이었다. 반면 일본에서는 이렇다 할 구석기 유적지가 발견되지 않아서 문화적 자존심이 크게 상한 터였다.

이처럼 다니 준세이와 후지무라 신이치의 역사 날조 및 사기극은 개인의 공명심 차원이라기보다는 일본인들의 집단적 열등감과 콤플렉스를 반영한 것이라고 할 수 있다.

다니의 사기극과 관련해 정양모는 2000년 11월 27일자 「경향신문」 시론을 통해 다음과 같이 피력했다.

'사실 우리 문화는 19세기 말부터 20세기 전반까지 단절의 아픔을 맛보았다. 각 분야에서 이를 극복하고 다시 일어나려고 각고의 노력을 기울였으며 그 노력 중의 하나가 고려청자, 조선백자의 질과 아름다움을 재현해서 그 정신을 살려보자는 것이었다. 청자 재현의 대표주자는 해강 유근형 선생이다. 그의 평생에 걸친 집념의 연구와 노력은 이루 형언할 수 없는 고통의 나날이었으며 1970년대에 들어서야 조금씩 햇빛을 보기 시작하였다.

다니 준세이는 그 각고의 노력과 고통에서 얻어진 보람을 송두리째 앗아다가 자기 자신의 업적으로 돌려놓으려 하였고, 「니혼게이자이신문」은 아무리 실수라도 잠재의식 속에 숨어 있는 일본의 그릇된 우월주의를 은근히 뒷받침해준 것이다.'

이천 도자의 중흥과
2세대 명장들

1

이천 가마, 1980년대 들어
폭발적으로 증가

숙련된 신진 사기장들의
활약

한편 10년 가까이 보기 드문 호경기를 누렸던 이천 도자산업은 1974년 문세광의 육영수 여사 저격 사건을 계기로 한일 관계가 극도로 악화되면서 적잖은 타격을 입는다. 일본인의 발길이 뚝 끊어지게 된 것이다.

그러나 문세광 사건의 여파는 그리 오래 가지 않았다. 1980년대에 들어서면서 생활수준 향상으로 일상생활에 사용하는 도자기 수요가 늘어나고, 질흙태토 공장에 의한 질흙의 손쉬운 공급, 1970년대부터 많이 사용되기 시작한 가스 가마의 보급 등에 힘입어 공방은 다시 분주해지기 시작했다.

1970년대 중반 이후에는 가마 설립이 급격하게 불어나서 수광리 일대로 도예촌이 틀을 갖추며, 사음동 지역에도 삼보요한보란 설립을 시작으로 사음요김종호, 김문식, 청파요이은구가 잇달아 문을 열면서 또 하나의 도예마을을 이루게 된다.

이천과 광주의 요장 설립 분포도

지역	설립연도 분포		직원수 분포		계(개, %)
	설립연도	수	직원수	수	
이천	~1960	2	1~5	45	82개(76.6%)
	1961~1965	2	6~10	18	
	1966~1970	1	11~15	6	
	1971~1975	4	16~20	8	
	1976~1980	18	21~25	2	
	1981~1985	28	26~30	1	
	1986~1988	27	31~35	–	
			36~40	1	
			41~45	1	
광주	~1960	2	1~5	9	25개(23.4%)
	1961~1965	2	6~10	9	
	1966~1970	–	11~15	3	
	1971~1975	1	16~20	2	
	1976~1980	11	21~25	1	
	1981~1985	5	26~30	1	
	1986~1988	4	31~35	–	
계		107개		107개	107개

출처 「한국 전승도자의 현황 : 경기도 광주군·이천군을 중심으로」 지정희, 이화여대 석사논문, 1988년

1975년까지 이천의 가마는 1960년대 이전에 설립된 가마가 2개소, 1961~1966년까지 2개소, 1966~1970년 사이가 1개소, 1970~1975년까지 4개소 등으로 모두 9개뿐이었다. 그런데 1976년부터 요장 설립이 갑자기 활기를 띠면서 1976~1980년 사이에 18개, 1981~1985년 사이에는 28개가 늘어났다. 또한 1986~1988년 사이에는 불과 2년 동안 새로 27개의 공방이 문을 열어서 모두 82개에 이르게 됐다.

최상의 호경기 시절에는 막상 9개에 불과했던 가마가 1970년대 후반으로 접어들면서 갑자기 증가한 이유는 무엇일까? 우선 초창기에는 전문적인 기능을 가진 사기장 숫자가 손꼽을 수 있을 정도로 제한되어 있었기 때문이다.

전통 도자기 제작은 여러 가지 원료의 적절한 선택과 배합 과정에서부터 유약의 제조, 질의 톳물받기, 성형, 조각과 끝먹촛벌구이에서 잿물구이재벌구이에 이르는 여러 과정이 상당히 복잡하여 숙련된 기술과 오랜 경험을 필요로 한다. 따라서 초심자가 하나의 숙련된 기능인으로 성장하려면 상당한 기간의 수련 과정이 필수적이다. 초창기에는 공방을 차리고 싶어도 사람이 부족했던 것이다.

그런데 시간이 흐르면서 각 공방에서 일하며 기술을 익힌 많은 신진 사기장들이 배출되기 시작했다. 이와 관련해 2012년 선정 이천시 명장으로 서화書畵 부문의 걸출함을 인정받고 있는 백산도요帛山陶窯 권영배는 이렇게 말한다.

"백자가 청자보다 제품 회전율이 몇 배는 빠르다. 이천에 청자 요장이 많은 이유는 청자를 만들려면 적어도 10~20명이 있어야 하는 구조상 특성 때문이다. 이 사람들이 일하면서 기술을 배우고 독립하여 다시 청자 요장을 만드니, 요장이 늘어날 수밖에 없다. 반면에 백자는 직원이 적다. 그러니 백자 만드는 기술자들은 나가서 독립해도 상대적으로 요장이 적다. 백자는 화사畵師, 그림 그리는 사람도 상대적으로 적다."

1977년 도예에 입문한 권영배는 도원요陶元窯 지당芝堂 박부원1938~과 현암 현무남으로부터 사사했다. 특이하게도 지난 1991년 향림재활원 도자기 재활

교사로 재직한 뒤 1994년 백산도요를 설립해 오늘에 이르고 있다.

그런데 1980년대만 해도 이천의 경기가 아직은 좋았던 듯하다. 이와 관련한 권영배의 증언이다.

"77년도 월급이 22만 원이었다. 당시 5급 공무원 월급이 2만 5,000원이고, 한 달 하숙비가 쌀 한 가마 가격인 4,800원 할 때였다. 그러니 엄청 대접을 받은 셈이다. 80년대에 월급은 40만 원 정도였는데, 당시 6대 재벌기업 부장급 수준이었다. 그런데도 조금 준다고 투덜대고는 했다. 퇴근하고 과외아르바이트로 다른 공장에서 두 시간을 일하면 도자기 그림을 그리면 4만 원을 받았다. 하루 저녁 꼬박 일하면 8만 원도 가능했다. 그러니 일 년에 1천만 원 모으는 것은 일도 아니었다. 80년대 돈으로 말이다. 그렇게 통장에 돈이 쌓여 1억 원이라는 숫자가 찍히는 순간, 가슴이 다 벌렁벌렁거렸다."

조각 부문의 특출함으로 2004년 선정 이천시 명장이 된 여천요如泉窯 이연휴의 증언도 비슷하다.

"67년에 처음 취직했을 때 봉급이 1,500원이었다. 당시 공장장은 3만 원 정도 받았다. 1969년에 해강을 처음 찾아갔을 때 해강은 '사람 구할 여력이 없다'고 했다. 그때만 해도 고려청자연구소의 사정이 좋지 않았다. 그런데 72년이 되니까 직원이 10여 명 정도로 늘어났다. 1976년인가 1977년에 직원들이 월급 올려달라고 데모를 했다. 경기가 워낙 좋아 잠도 못 자고 일할 정도로 장사가 잘되는데, 월급은 그대로여서 불만이 폭발한 것이었다. 그때 월급이 100% 인상됐다. 그때 고려도요에서도 데모를 했는데, 거기서는 직원들을 다 자르고 나중에 다시 뽑았다. 78년에 해강의 가마에서 나왔을 때 40만 원을 받았다. 당시 월급쟁이로서는 최고의 봉급이었다. 대기업 직원보다 많았다."

이연휴는 당시를 이렇게 기억했다.

"아마 이천 최고의 호황기는 1975년에서 1985년까지의 10여 년일 것이다. '국풍國風 81' 때도 도자기 판매 코너에서 도자기가 정말 많이 팔렸다."

'국풍 81'은 1981년 광주 5·18 민주화운동 1주년을 맞이해서, 광주 민주화운동에 대한 진실을 잠재우고 시선을 돌리고자 전두환 군사 반란 세력이 대대적으로 벌인 관제 문화축제다. 민족문화의 계승과 대학생들의 국학에 대한 관심 고취라는 명분을 내세웠는데, 그런 명분이 도자기 업계 쪽으로는 긍정적으로 작용한 것이다.

1970년대 중반부터 보급되기 시작한 가스 가마와 전기 물레, 토련기 같은 편리한 현대식 기계의 등장은 과거보다 훨씬 손쉽고 간편한 도자기 제작과 생산을 가능하게 만들었다.

가스 가마가 급속하게 보급된 것에는 도자 제작의 편리함 이외에도 당시 매우 엄격했던 산림정책이 촉진제 역할을 단단히 했다. 가마에 불을 때기 위해 장작을 사용하려면 관청으로부터 허가임산연료 사용를 얻어야 했는데, 산림 녹화를 부르짖던 당시 정부는 좀처럼 허가를 내주지 않았다. 당시 수광리에서는 광주요 등 6개 가마만이 정식으로 허가를 얻어 가마를 운영할 수 있었다. 그러니 다른 사람들은 허가를 얻지 않아도 도자 제작이 가능한 가스 가마로 눈 돌리지 않을 수 없었던 것이다.

이와 관련해 여천요 이연휴는 이렇게 말한다.

> "아마 신상호가 78년 무렵 가스 가마를 처음 도입한 것으로 기억한다. 79년에 고려도요에서도 이를 들여왔다."

송월요 김종호도 똑같이 말한다.

> "신상호가 가스 가마에 일찍 눈을 떴다. 가스 가마에서는 성공작이 70~80%나 나오니까. 그래서 엄청나게 돈을 많이 벌었다."

2대 해강 유광열 역시 이렇게 증언한다.

> "신상호가 처음 가스 가마를 들여왔는데, 2년 동안은 아무도 그걸 몰랐다. 위장용 장작더미를 쌓아 가린 다음에 완전 비밀 작업으로 일을 했고, 가스차도 한밤중에 몰래 들어왔다."

신상호가 가장 먼저 가스 가마를 도입한 것은 그가 다른 사기장들과 달리 미대에서 정식으로 공부한 이유가 컸던 것으로 보인다. 유광열도 이렇게 말한다.

"신상호는 디자이너를 특별 고용하기도 했다. 당시에는 아무도 생각하지 못했던 일이었다. 도자기 현대화에 큰 기여를 했다."

이 대목에서 신상호에 대해 알아보고 넘어가도록 하자. 앞에서 기술했듯, 이천에서 유일하게 남아 있던 이현승의 칠기공장은 살아남아서 칠기 생산을 계속했다. 그러다가 이 공장은 1965년 당시 도예과 대학생으로 나중 홍익대 교수와 미술대 학장이 되는 신상호에게 넘어갔다.

신상호가 도자기를 시작한 것은 홍익대학교에 입학하면서부터이며 이후 이천에 자리잡고 청자를 연구하기 시작했다. 그렇게 이천의 칠기공장을 이용해 기술을 익히고 '도방요'를 만들어 자신의 작업을 원숙히 발전시키다가, 1975년에 경기도 양주시 장흥면 부곡리釜谷里 송추계곡으로 이전하여 '부곡도방'을 새로 만들었다. 당시만 해도 사방을 둘러봐야 산과 나무와 하늘밖에 보이지 않는 그곳에서 그는 청자와 분청사기, 백자라는 한국 전통 도자의 여러 장르를 재해석하는 작업에 오랫동안 천착해왔다.

1980년대 후반 86아시안게임과 88서울올림픽 관련 일부 문화 행사 등을 주관하면서부터는 해외 유명 도예가들과 교류하면서 전승 바탕의 새로운 세라믹 조각 작업에 전념해오고 있다. 특히 1986년 미국 코네티컷주립대학교에서 교환교수로 머물며 접한 '도조陶彫'의 경험은 작품 활동에 중요한 전환을 가져왔다.

실용성을 강조하고 문양은 기면 장식의 수단으로 여기는 전통 도자 개념에서 벗어나, 신상호는 상감, 인화, 박지 같은 분청사기의 전통 기법을 이용하되 형태와 문양, 색채가 어우러지는 하나의 입체 회화로서 작품을 제시했다. 조형 작업에서도 자연을 모방하는 대신 자연 그 자체의 선을 찾기 위해 즉흥

성을 강조했다. 유약의 강한 대비를 표현하기 위해 때에 따라 환원 번조還元燔
造를 반복하고, 문양에도 자연의 형태가 아닌 이야기를 담기 위해 파고 메우
고 긁어내는 작업을 반복하며 화폭인 도자기와 그림의 일체감을 추구했다.

그의 작품은 1994년 하얏트 호텔 리노베이션 때 호텔 입구와 로비 등에
전시되었으며, 2000년에는 JW 메리어트 호텔과 고속버스 터미널이 연결된
센트럴 시티 2층에 '밀레니엄 타일'이라는 이름으로 높이 3m, 길이 160m의
타일 작품을 소개한 바 있다.

신상호는 엄밀히 말해 이천 도예가라고 하기 어렵다. 이천에서 기술을 습
득하고 미래의 자양분을 흡수했지만 이천과는 거리가 좀 있다. 다만 이천 도
예가들은 신상호의 가마에서 기술을 배운 경력을 가지고 있다. 김세용 명장
뿐만 아니라 2016년 이천시 명장이 된 원정 박래헌은 홍익대 미술교수였던
아버지의 소개로 신상호의 가마에서 도자기를 배웠다.

한편 1980년대 후반에 접어들면 숙련된 장인이나 도자기에 관한 전문
지식이 없이도 자본만 있으면 손쉽게 공방 설비를 갖추고, 기능공들을 채용
하여 운영하는 상업형 가마들이 다수 등장하게 된다. 그리하여 1988년에
82개였던 공방은 1994년 141개로 불어나고, 불과 4년 뒤인 1998년에는 두
배가 넘는 300개 이상으로 불어나게 된다.

이처럼 이천 도자기에 관한 일반인들의 관심이 높아지고 언론이나 학교,
연구소 등지로부터 도예촌에 관한 내용을 물어오는 일이 빈번해지자, 이천
문화원은 1994년 처음으로 도예촌 현황 조사를 실시하여 이를 정리한 보고
서를 냈다.

이 조사를 통해 당시 관내의 요장 수효가 모두 141개소로 밝혀졌다. 지역
별로 보면 수광리를 중심으로 신둔면이 109개소로 월등하게 많고, 사음동

지역이 22개소, 기타 지역이 10개소로 나타났다.

이듬해인 1995년 이헌국이 학위 논문을 쓰기 위해 이천, 여주, 광주 지역의 요장 조사를 실시한 결과 이천이 143개소로 파악되어 1년 사이에 2개만 늘어난 것으로 되어 있다. 그러나 1998년 초 이천시청 도예팀의 현황 조사에서는 모두 323개소로 늘어나서, 불과 3년 동안에 두 배 이상으로 수효가 급증했다.

당시 전통 도예 제작을 전문으로 하는 요장들의 경우 수십 명씩 기능 인력과 관리직까지 두고 운영하는 기업형 요장들이 있는 반면, 개인 집에 가마를 설치하고 가족들의 힘만으로 도자기를 만드는 가내수공업 형태의 요장들도 상당수가 있었다. 1994년 문화원의 조사에서는 이와 같은 소규모 요장들이 일부 누락되었을 가능성이 있어 대체로 150개소 남짓한 요장들이 운영되고 있었다고 보인다.

연도별 이천시 요장 개수 증가 추이

연도	요장 개수	비고
1960	2	
1970	5	
1980	27	
1988	82	지정희 조사
1994	141	이천문화원 조사
1995	143	이헌국 조사
1998	323	이천시청 도예팀 조사
현재	400여 개로 추정	이천시청 공예팀 조사

위 표를 보면 1995년 이후 1998년까지 불과 3~4년 만에 두 배 이상으로 크게 숫자가 불어났다. 이런 이유는 무엇일까?

1990년대 이후의 전통 도자기 시장은 다기류나 식기류 같은 생활자기에 의한 국내 시장의 확대에도 불구하고 전체적으로 침체된 상태였다. 특히 IMF 구제금융 사태 이후로는 극심한 불황의 늪을 벗어나지 못했다.

경기 침체가 계속되자 수십 명씩 기능공을 고용하던 규모가 큰 요장들은 물론 직원 수 명의 소규모 공방들까지 일종의 구조조정을 단행하지 않을 수 없었다. 그런데 기능공들 대다수가 도자기를 만드는 일 외에는 마땅한 일자리가 없다 보니 생계 수단을 위해서는 자신의 집에서라도 스스로 공방을 차리는 길밖에는 별 도리가 없었는지 모른다. 바로 이 점이 가마 숫자가 갑자기 크게 불어나게 된 가장 큰 이유일 수도 있다.

한편 다른 지역에서 도자기 제작에 종사하다가 그나마 도자기 구매를 목적으로 한 관광객들이 가장 많이 찾아오는 이천 도예촌으로 이주해오는 경우도 적지 않다. 또한 대학에서 도예를 전공한 젊은 도예가들이 이천에 와서 새로운 공방을 내는 경우도 늘어났다.

2

이천을 부흥기로 이끈
2세대 대한민국 명장들

8명의
대한민국 명장들

이천 2세대 사기장 중에는 대한민국 명장이 무려 8명이나 된다. 세창 김세용이 2002년 가장 먼저 명장이 되었고, 다음으로 서광수²⁰⁰³, 임항택²⁰⁰⁴, 권태현²⁰⁰⁵, 유광열²⁰⁰⁶, 김복한²⁰¹², 최인규²⁰¹⁷, 장영안²⁰¹⁸ 순서다.

나이순으로 보았을 때 맏형은 2대 해강 유광열^{1942~}이고, 그 다음이 김복한^{1945~}, 김세용^{1946~}, 권태현^{1947~}, 서광수^{1948~}, 임항택^{1950~}, 장영안^{1952~}, 최인규^{1953~}의 순서다. 사실 2대 해강 유광열부터 순서대로 알아보는 것이 좋으나 유광열은 1대 해강 유근형 부분에서 빼놓을 수 없어 먼저 다룬 점 이해하기 바란다. 그럼 한청 김복한부터 알아보자.

한청 김복한

마산이 고향인 한청도요漢靑陶窯 김복한金福漢, 1945~은 4남매 집인데, 3형제가 도

한청도요의 갤러리 전경

자기 일을 했다. 그러나 아버지는 사기
장이 아니었다. 순전히 먹고살려고 도
자기 일을 배운 것이다. 김복한이 서울
에 올라온 이야기부터 구구절절 사연
이 길다.

"부모님을 일찍 여의어서 어려서
부터 시장 바닥에서 자랐다. 마산
역에서 구두닦기 '찍새'로 일하고
기차에서 껌팔이를 하면서 '알담
배낱개담배'를 팔기도 했다. 열한 살 때 열 살 위의 큰형이 서울 양평동 도
자기 공장삼양도기에서 일한다기에 큰형을 찾아가려고 무작정 몰래 기
차에 탔다."

김복한의 큰형은 좌봉左峰 김응한金應漢, 1935~2004이다. 고려청자 재현 작업
에 이어 일본에서 국보로 대접받는 조선의 찻사발 연구에 매진, 일본에서 각
광을 받았다. 김응한은 일본 찻사발이 조선 막사발에서 비롯됐다고 생각하
고, 자신의 찻사발을 '천사발'로 불렀다. 1988년 울산으로 이주해 새 가마를
만들고, 울산 지역 도예가들의 정신적 지주로 활동했다.

"서울에 도착했지만 결국 밖으로 나가지도 못하고 도로 기차를 타고
내려갔다. 그런데 도착해보니 부산이 아니라 목포였다. 밖에 나와서
울고 있으니 역장이 왜 우냐면서 내 인적 사항을 물어보았다. 그러고

좌봉 김응한 '분청박지모란당초문호', 해주도자박물관 소장

는 자신이 먹을 도시락 싸온 걸 내게 주고 또 30원까지 주면서 몇 시에 기차가 있으니 밖에 나가서 구경하다 그때 오라고 다짐을 줬다. 그때 유달산을 처음 보았다. 나가서 놀다가 다시 역에 돌아오니 역장이 꼬리표에 뭐라고 써서 내 옷깃에 붙여주면서 차표 검사할 때 보여주라고 하고, 나를 차장들 쉬는 곳에 앉혀주었다. 대전에 오니까 내리게 해서 나를 인수인계해서 삼랑진으로 가는 기차에 태워주었는데, 잠이 들었다가 깨어 기차에서 내리니까 또 전혀 알 수 없는 시골역이었다. 아마 함안이 아니었나 싶다. 아무도 없는데 비는 내리고, 또 울 수밖에 없었다. 그렇게 울고 있을 때 어느 소복을 입은 여인이 와서 나를 자신의 집에 데리고 갔다. 오빠가 참외와 수박을 팔러 마산에 갔는데 오지 않아 기다리는 중이었다고 했다. 가는 길이 외져서 너무 무서웠다. 밤에도 나를 잡아먹을까 봐 한숨도 잘 수 없었다. 그 다음 날 나는 또 서울로 가는 기차에 탔다."

그렇지만 그의 첫 서울행은 아무 소득도 없이 외가가 있는 밀양으로 내려오는 수밖에 없었다. 그러다가 그는 14세 때 큰형이 여주로 갔다는 소식을 듣고 또 무작정 여주로 가서는, 운 좋게 신흥도기에 취직할 수 있었다.

"말이 취직이지 사실은 형이 여기서 지내라고 버리고 간 것이나 다름없었다. 밥값을 벌 수 없어서, 야간작업 수당으로 근근이 밥값을 맞췄는데, 그나마 겨울이 되면 공장 문을 닫아서 도로 마산으로 내려갔다. 마산에서 버스 차장 일을 하다가 열여섯 살 때 형 집에 가서 도둑질을 하자는 심보로 형이 있다는 이천으로 왔다. 막상 와보니 허허벌판에

한청도요의 갤러리 전경

그가 만든 청자와 상장들이 그의 화려한 저력을 보여주고 있다.

아무것도 없었다. 광주요 자리 토담집에 방 한 칸 얻어 겨우 거처를 마련했다."

이렇게 김복한은 타향 이천에 발을 붙인다.

"형은 분청 찻사발을 잘 만들었다. 서울에서 일할 때 알았던 상인들을 통해 제품을 팔 요량으로 함께 폐허에 가마를 만들고, 나는 어깨너머로 형이 일하는 걸 보며 익혔다. 처음에는 이름을 '삼환도요'라고 지었다가 나중 '이천도요'로 바꿨다. 이천도요로 이름을 바꿀 때^{1958년}는 차형도 불러 삼형제가 같이 일했다."

그의 둘째 형은 묵전墨田 김태한金太漢, 1939~2013이다. 1955년 17세에 동광도기에 입사해 그림, 조각, 성형 등 도자기 제작에 필요한 모든 것을 배웠다. 형, 동생과 함께 이천도요를 만들었지만 곧 문을 닫고 1973년부터 지순탁 밑에 서 수석 성형사 및 공장장으로 15년 동안 일했다. 1988년 독립해서 묵전요를 만들고 본격적으로 찻사발을 만들었는데, 이 작품들이 바로 일본에서 인기 를 끌면서 전량 일본으로 팔려나갔다. 독립한 다음 해인 1989년부터 일본에 서만 무려 400회 이상의 개인전이 열렸을 정도였다. 이로 인해 1991년부터는 일본 최고의 다도 유파인 우라센케裏千家 15대 대종장大宗匠인 센겐시쓰千玄室. 1923~가 그의 찻사발에 직접 진품 보증을 해주었고, 그해 지순탁 가마의 고문 으로 추대됐다. 2004년 이천시 명장으로 선정되었다.

"그때만 해도 기술자들이 드물어 이리저리 불려다니며 일하면 꽤 짭 짤한 수입이 됐다. 그렇게 돈맛이 들어서 조소수 가마에서 일하기 도 하고, 인천에서 청자를 잘 만들었던 1세대 변산邊山 위군섭韋君燮.

대한민국 명장인 한청 김복한

1911~1990 공장^{한국청자연구소}에서도 2~년 동안 일했다. 그런데 해강이 나를 스카우트하려고 위군섭 가마로 사람을 보냈다. 그래서 다시 이천으로 오게 되었다."

김복한이 인천 한국청자연구소에 들어간 것은 1966년, 유근형 가마로 온 것은 1970년이다. 이후 그는 해강 밑에서 13년 동안 성형사로 일하다 1981년 허허벌판에 논밭만 있던 지금의 위치에 한청도예연구소를 설립하고 독립했다.

어릴 적 역 앞에서 생계를 이어가며 알담배와 껌을 팔던 가락 때문인지, 특유의 풍류 기질 때문인지 그는 "그 당시에 집을 지으면서 가마 옆에 당구대를 들여놓았다. 그땐 정전이 잦았는데, 정전이 되면 소지질에 촛불을 꽂아 당구를 쳤다"라고 회고한다. 아마 가마에 당구대를 설치해놓은 유일무이한 장인일 것이다.

그렇게 잘 '놀았지만' 솜씨가 빼어나서 2003년 이천시 명장에 선정되었고, 2005년 제6회 한국사발학회공모전 금상, 2006년 제21회 전통미술대전 우수상, 2011년 제18회 한국미술 국제공모대전 서울시장상을 거쳐 급기야 2012년 대한민국 도자명장으로 선정되었다.

김복한은 단순히 청자를 복원하는 데 그치지 않고, 끊임없는 연구 개발을 통해 기술의 진보를 꾀하고 있다. 한청도요 전시실 한편에 걸려 있는 수많은 특허증이 그간의 노력을 말해준다. 그는 무늬가 비치는 제조법, 화산재를 이용한 청자 유약 등 10여 개에 달하는 특허증을 보유 중이다. 그는 이를 포함해 자신 사후에 후학들 학습 자료로 남겨주기 위한 기록에도 열심이다. 그러나 정작 이를 물려줄 제자들이 점점 줄어들고 있어 고민이다.

묵전 김태한 '백자철유석류문병'. 해주도자박물관 소장

"전통 도자기 기술을 배우려는 젊은이들이 거의 없어 고려자기의 명맥이 끊어지고 있다. 1960~70년대 수십 명에 달하던 청자 기술자들이 지금은 5명 정도밖에 남아 있지 않다. 경제가 침체되면 도자기 산업이 직접적인 영향을 받는다. 예전에는 일본이 우리 도자기의 가장 큰 수요처였지만 우리 도자기의 가치를 알아주는 구세대가 점점 줄어들고 있고, 그들도 경제가 어렵기 때문에 구매력이 많이 떨어졌다. 일본의 잦은 지진도 도자기 구매를 꺼리는 원인이 되고 있다."

김복한은 "그나마 아들이 가업을 잇고 있어 다행"이라고 말한다. 그의 아들 김현욱은 경희대 도예과와 같은 대학교 아트퓨전대학원을 졸업하고 아버지로부터 고려청자 제작 기술을 전수받아 자신만의 예술 세계를 구축하기 위해 노력하고 있다.

세창 김세용

세창世를 김세용金世龍, 1946~은 2002년 이천 도예인들 중 제일 먼저 대한민국명장세라믹 부문, 349호으로 선정되었다. 1946년 지금은 비무장 지역이라 갈 수 없는 경기도 장단에서 평범한 농부의 아들로 태어난 실향민이다.

한국전쟁이 발발하자 부모님이 어린 동생을 데리고 먼저 피란길을 떠났고, 조부모님과 고향에 남은 김세용은 우여곡절 끝에 부여로 피란했지만 그곳에서 만나자 했던 부모님을 만나지 못해 조부모님 밑에서 자랐다.

그러다 병환으로 돌아가신 할아버지 대신 어린 가장이 되어 밤중에 땔감을 마련하다 부엉이 소리에 놀라 그만 낫으로 청솔가지 대신 손가락을 찍어 지금까지 손톱이 갈라져 나온다.

1978년에 설립된 세창도예연구소

　　다행히 공주에서 어머니를, 파주에서 아버지를 만나 온가족이 함께 살게 되었다. 세월이 세월인지라 초등학교를 졸업하고 정식 학교가 아닌 고등공민학교에 진학했고, 신문팔이를 하며 고학을 한 결과 아현동 굴레방다리 근처 경기공고^{현 과학기술대의 전신}에 다닐 수 있었다. 졸업을 앞둘 무렵 처음 찾아갔던 국립중앙박물관에서 인생의 전환점을 맞는 사건이 발생했다.

　　그곳에 진열된 유물 중 큰 감동으로 다가온 도자기가 있었으니 그 주인공이 바로 고려청자였다. 그것을 본 순간 가슴속에 형용할 수 없는 신비로움과 짜릿함이 전해져와 그 자리에서 꼼짝도 할 수 없었다. 그때는 왜 그랬는지 몰랐는데 지금 생각해보니 어렴풋이 알 것도 같다. 그렇게 도예의 길을 걷게 되었다.

세창 김세용의 도자기가 전시되어 있는 도자미술관 국보재

　그 이후로 계속 도자기 쪽에 관심이 있어 군에 입대하고 월남전에 가서도 틈틈이 박물관을 찾았다. 1970년 군에서 제대하고 도방요를 소개받은 김세용은 바로 그 다음 날 짐을 싸서 이천으로 내려왔다. 김세용은 그렇게 도방요에서 아무도 직접 가르쳐주지 않아서 어깨너머로 보았다가 밤이 되면 파편을 주워서 남이 쓰던 조각칼로 조각을 배웠다.

　호야^{석유} 호롱불를 켜고 밤새워 연습을 하고 겨우 잠들었다가 아침에 일어나면 그을음으로 콧구멍이 새까맣도록 열심히 노력한 덕분에 남들보다 빨리 기능을 습득해서 보조 조각사 일 년 만에 조각실장이 되었다. 지금의 부인 이새담^{구 이순이}은 그즈음 그를 도와 조각 일을 하다 사내 연애로 평생 도반道伴이 되었다.

그러나 결혼 승낙을 받는 일은 그렇게 쉽지 않았다. 할머니와 부모님, 칠 남매의 장남, 가세가 어려운 점 등 그다지 결혼하기 좋은 조건이 많이 없어 반대가 있긴 했지만 사람 됨됨이와 안동김씨 양반이란 사실로 겨우겨우 허 락을 받을 수 있었다.

결혼식은 1973년 11월 11일 11시에 올렸다. 두 사람이 하나가 되어 가장 멋있는 부부가 되자고 다짐했기에 그렇게 정했다. 이렇게 부부가 되어 도방 요에서 같이 도와가며 행복에 젖어 있을 무렵 신상호가 도방요를 양주로 이 전하겠다며 같이 가자고 권유해왔다. 하지만 고심 끝에 이천에서 뼈를 묻어 야겠다고 결심하고 미안하지만 따라가지 않았다.

그래서 1대 고근화, 2대 고승술의 욱일요 제자가 되어 3대를 잇게 되었고 조각을 제외한 다른 기능은 모두 그때 욱일요에서 전수를 받았다. 그 당시 불대장을 하던 분이 유약이 녹기 직전부터 환원시켜야 하는데 반대로 불을 때서 자꾸 산화돼서 나왔다. 그래서 불 때는 방법으로 많이 다투다 그 분이 그만두는 바람에 뜻하지 않게 불대장 일도 하게 되었는데 그때부터 청자가 제 색으로 나오기 시작했다.

여러 가지 사정으로 요장이 잘되지 않아 월급을 못 받는 일이 허다해 월 급 대신 흙으로 받아와 틈틈이 아내와 둘이 작은 방에서 도자기를 만들었 다. 그렇게 만든 작품을 건조시킨 후 초벌과 재벌구이를 하기 위해 한 달 동 안 조각을 해주고 가마 한 칸을 빌려 처음으로 작품을 구운 것이 도자기의 시작이 되었다. 그러나 도자기의 길은 그렇게 녹녹치가 않았다.

지금처럼 과학적인 데이터가 있는 것도 아니고 겨우 도제식으로 각자 흙 과 유약, 불 때는 방법을 터득했기에 수없이 많은 시행착오를 거쳐야 했다. 그러다 안방만 빼놓고 건넛방에 물레를 박고 헛간은 조각실로 만들어 1978

년 기능공 출신으로 처음 요장을 시작했다.

가장 중요한 전통가마를 만들기 위해 흙으로 망송이를 만들어 말리다가 장맛비에 풀어져 다 못 쓰게 되었다. 그 앞에서 며칠을 망연자실하다가 큰 모험을 하기로 결심했다. 그동안 흙으로 만든 가마의 단점을 보완도 할 겸 주위에 많은 선후배 도예가들의 만류에도 불구하고 내화벽돌로 가마를 만든 것이다. 드디어 많은 분들의 관심과 염려 가운데 첫 가마에 불을 지피는 날 이구동성으로 혀를 끌끌 차며 망한다고 걱정했다. 사실 김세용도 예상보다 가마의 오름이 더뎌 장작이 모자랐기 때문에 옆 요장에서 간신히 빌려다 끝냈지만 걱정이 많았다.

며칠 후 가마가 식기를 기다렸다가 많은 관계자들이 관심 있게 지켜보는 가운데 초조하게 첫 가마를 열었다. 결과는 대성공이었다. 장인의 임종도 보지 못하고 불을 땠는데 작품을 꺼내놓고 보니, 사방에서 팔라고 난리였다. 이 사건은 도자기 공정 개선의 시작이었고, 모든 전통가마를 내화벽돌로 만들게 되는 획기적인 계기가 되었다. 더불어 이천 도자기가 발전하는 데 큰 공헌을 하게 되었다.

그는 처음 오름가마를 만들었을 때를 이렇게 회상했다.

"그래도 내 가마가 있어야 하니까, 가마를 만드는 데 흙 망생이[01]로 짓지 않고 포항 조선내화공장에서 사용하던 내화벽돌을 헐값에 사와서 오름가마를 만들었다. 주변에서 다들 흙벽돌로 만들어야 한다고 걱정이 많았지만 나는 내 의지대로 '망해도 젊어서 망해야 한다'는 마음으

---

01 '망송이'의 사투리. '망댕이'라고도 불린다. 소백산맥을 중심으로 분포되었던 우리 고유의 전통가마로 길이 25cm가량의 한쪽은 굵고 한쪽은 가는 진흙덩이를 뭉쳐 박은 6칸짜리 가마다.

• 청자 이중투각 국화 시리즈-산화 시리즈　　•• 청자 이중투각 국화 시리즈-환원시리즈

로 가마를 만들었다. 그 결과는 대성공이었다. 작품이 구워지는 데 아무런 문제가 없었다. 작품도 다른 가마의 두 배 값으로 사갔다."

　그렇게 도자기를 만들면서 그는 차곡차곡 자신만의 기술을 이어갔다. 그러나 거기에 만족하지 않고 자신의 아이디어로 요장의 여러 설비를 개선하기 시작했다. 톳물받기 터^{수비장}에 건조대도 원두막처럼 높게 지어 물이 빨리 빠질 수 있게 했고, 더 좋은 질흙을 빨리, 깨끗하게 만들기 위해 흙물 짜는

- 　청자 풍경화 시리즈로 왼쪽 작품은 야경, 오른쪽 작품은 설경
- ●　청자 이중투각 사군자 시리즈(2010년)

기계 필터 프레스^{filter press}를 처음으로 도입하는 모험을 했다. 또한 '산판'⁰²으로 마련한 땔감과 몇 십 년을 사용할 만큼의 흙을 갖다 놓기 위해서는 넓은 장소가 필요해 끊임없이 재투자를 하게 되어 살림은 항상 어려웠다. 그때마다 불평 없이 이해하고 격려해준 아내 덕분에 대를 이어 쓸 만큼 넉넉한 재료들을 마련할 수 있었다. 더불어 몇몇 지인과 함께 중학교에 진학하지 못한 학생들을 위해 야간에 재건학교를 개설해 학용품을 사주며 가르쳤고, 개인적으로 '세창장학회'를 만들어 정규 중학교에 다닐 수 있도록 도와주기도 했다. 재력이 넉넉해서가 아니라 어린 시절 어렵게 공부한 것이 한이 되어 그랬을 것이다.

도자기를 처음 시작할 무렵 그는 13세기 청자를 모조하는 일부터 시작했지만 얼마 후부터 그것을 바탕으로 해서 21세기형 청자를 만들기로 했다. 그렇게 하기 위해 4가지 큰 목표를 세웠다. 첫째 가장 아름다운 청자를, 둘째 가장 정교한 청자를, 셋째 가장 큰 청자를 만드는 것, 넷째 그 모든 과정을 수행으로 생각하자는 것이었다.

그중에 가장 정교한 청자를 만들기 위해 수없이 많은 시행착오를 반복해가며 마치 계란을 바위에 던지는 심정으로 오랜 시간 투각 기법을 집중적으로 연구하면서 인내력의 한계를 뛰어넘는 극기를 터득했다.

김세용은 1981년 제11회 전승공예전 입선을 시작으로 매년 수상을 거듭했다. 도예가로서 생애를 바쳐 연구한 이중투각^{二重透刻} 기법은 전통 청자의 기법을 그대로 사용하면서도 독창적인 아름다움을 더해 1984년 제7회 국제현대미술제전 도예부 대상, 1997년 도자기공모전 금상 등 화려한 수상 경력

---

02 산에 있는 나무를 산 통째로 미리 사놓는 일

을 더했다. 이후 그의 투각 기법은 나날이 발전을 해 삼중투각까지 성공하며 타의 추종을 불허하는 명실상부 국내 최고의 청자투각 명장이 되었다.

2002년 대한민국 명장에 선정된 그의 작품은 청와대를 비롯해 영국 엘리자베스 여왕, 달라이 라마 왕궁 등에 소장돼 있다. 또 2004년 일본 시네마현 초청 '대한민국 명장전'을 비롯해 중국 징떠전景德鎮 '도자천년제 초대전', 제3회 세계도자비엔날레 도자 퍼포먼스, 2017년 이탈리아 밀라노 '한국 공예의 법고창신法古創新'을 비롯해 수많은 해외 초대전을 통해 우리 전통 문화를 빛내고 공예 발전에 기여한 공로를 인정받아 대한민국 문화훈장 화관장을 서훈했다.

해외 전시회를 열 때마다 그의 이중투각은 '옛 것을 본받아 새로운 것을 만들자'라는 '법고창신法古創新'의 뜻에 완전히 부합하는 장르로 눈길을 모았다. 홑 투각은 종종 선보이지만 이중 그리고 삼중투각 도자기는 과연 사람의 손으로 만들 수 있는 것인가라는 놀라움이었다. 투각 작품은 일반 작품에 비해 보통 열 배 이상의 정성과 시간이 요구된다. 특히 투각이 어려운 것은 질이 마르기 전에 구멍을 뚫어야 하므로 빠르고 정확한 솜씨가 요구되기 때문이다. 결국 작품 하나를 가지고 몇 달씩 씨름해야 하는 지구력과 지극한 정성은 수행과 진배없다.

그 수행의 과정에서 최고 전성기 때 만들어진 작품이 바로 금강산과 매화꽃 이중투각으로 세창 소유의 도자미술관 '국보재'에 전시하고 있다. 아울러 금강산의 수려한 산세를 담고 있는 '금강산전도'와 '외금강만물상'을 위시한 대작 역시 다시는 만들어낼 수 없는 작품들이기에 비매품으로 전시실을 지키고 있다.

사실 도자기는 거친 흙을 체에 쳐서 앙금을 가라앉히고 이것을 말려서 다시 반죽을 해 질을 만드는 과정부터가 수행의 연속이다. 그 이후 작업은 물레질과 성형에서부터 시작된다. 김세용은 성형을 '중심의 미학'이라고 말한다. 중심을 잘 잡아야 도자기의 가운데 즉, 속이 바로 된다. 중심을 잡기 위해서는 회전을 하면서 흙을 다지기 위해 올렸다 내렸다 하는 과정을 반복하는데 이러한 과정을 '흙하고 논다'라고 표현한다.

세창은 "처음 도예를 시작할 땐 몰랐지만 반백 년이 지난 지금 생각해보니 자신이 아마도 전생에 고려 사기장이지 않았을까 싶다"라고 말한다. 고려청자를 처음 본 순간 전율을 느끼고 마치 운명처럼 이끌리듯 해서 도자기 외길을 걸어온 그는 지금도 흙을 만지고 있을 때 마음이 가장 평화로워 보인다.

"흙은 거짓말을 하지 않는다. 그 순수함은 그 어떤 보배보다도 맑다. 그런 의미에서 도예가의 정신은 곧 흙과 같다고 할 수 있다."

흙이 좋아 흙을 찾았고
흙이 좋아 흙을 만들어
흙이 좋아 흙을 빚으며
흙이 좋아 흙과 살다가
흙이 좋아 흙 속으로 가리라.

위의 시는 김세용 명장의 젊은 시절의 자작시라고 한다. 온 가족이 도예인인 경우가 많듯 김세용의 집안 역시 딸과 아들이 모두 같은 길을 가고 있다. 큰딸 김현정은 원래 인도철학을 전공했지만 뒤늦게 도자기에 빠져 다양한

1대 세창 김세용과 2대 세창 김도훈. 세창은 김세용과 아들이
개명하기 전 이름인 김창묵의 중간 이름 한 자씩을 따서 만든 것이다.

생활도자기 제품을 선보이고 있다. 동생이 어렸을 때부터 아버지의 뒤를 이
어 도자기를 하겠노라고 한 터라 자신은 생각지도 않았던 길이었다. 7~8년간
은 매일 20시간 가까이 도자기에 묻혀 살았다.

　'세창 아트 & 디자인' 대표인 아들 김도훈¹⁹⁷⁸~ 은 신소재 공학박사다. 어
려서부터 아버지의 뒤를 잇겠다는 목표로 조소를 전공한 이후 도자기에서
가장 중요한 질흙과 유약 등 신소재를 전공해 이론과 실기를 겸비한 재원으
로 이제는 아버지의 든든한 조력자가 되고 있다. 김도훈은 현재 유아용 세라
믹 식판을 만들고 있다. 좋은 흙으로 만든 도자기그릇이 안전하다는 사실을
누구보다 잘 알기에 도자기 식판을 직접 개발해 '테르 휘TERRE HUI'라는 브랜
드로 선보이고 있다. 아이들이 좋아하는 자동차, 가방, 집 모양 등 감각적인
디자인에 알록달록한 아름다운 색을 입혀 환경과 건강을 생각하는 젊은 주

- 청자 벽걸이 투각 시리즈-국화시리즈　　•• 백자 벽걸이 투각시리즈-한글투각시리즈
••• 청자 이중투각 시리즈-목단시리즈

부들 사이에 인기를 끌고 있다. 김도훈 2대 세창은 앞으로 도자기의 협업이 필요하다며 도예인들이 공생을 하기 위해 노력해야 한다고 말한다.

한편 김세용의 부인 이새담은 현재 시인이자 수필가로 활동하며 지난 2006년 수필집 『흙에서 빛으로』를 비롯해 두 권의 시집도 내놓았다. 이 수필집에는 어려웠던 시절, 경제 사정은 생각하지 않고 좋은 흙을 발견하면 무조건 사오는 남편 때문에 은행 거래를 모르던 시절 이 집 저 집 돈 마련을 위해 뛰어다녔던 일, 태풍으로 비닐하우스 건조장이 날아가 기껏 수비해둔 흙이 못쓰게 됐던 아픔 등이 담겨 있다. 또한 투각은 단 1mm의 헛손질로 몇 달 작업을 망치기 때문에 남편의 마음에 행여 잡념이 없도록, 그 섬세한 손길에 무리가 없도록 남편을 대신해 육체적으로나 정신적으로 힘들고 어려운 일을 도맡아 처리하다 허리 통증과 우울증까지 겪기도 한 사연도 있다. 이새담은 자신의 이름 앞에 '따시최된'이란 말을 쓰는데, 이 말은 곧 등불을 뜻하는 티베트 말이다. 지금은 도자기로 인생을 마무리 하기 위해 열심히 도자기를 만들면서 전시할 생각에 행복해한다.

세창 김세용은 이 시대의 젊은이들이 어떻게 하면 쉽게, 빨리, 많은 것을 얻을 수 있을까만 생각하는데 오히려 정반대 개념의 일을 해보면 많은 깨달음을 얻을 수 있을 것이라고 말한다. 최근 김세용은 아파트형 주거 문화에 적합한 벽걸이용 청자 투각을 만들어 꽤 호평을 받고 있는데 외국인들의 선호도가 크다고 한다. 전통문화의 고루한 면만 보지 말고 이것을 현대에 맞게 절충해 계승하는 작업도 병행해나갈 예정이다. 또한 청자의 세계화를 위해 외국인들을 위한 도제프로그램과 강좌를 개설해 놓고 있다.

가마에 불을 때는데 산화니 환원이니 하는 말을 일반인은 이해하기 쉽지 않을 것이다. 도자기를 소성하는 방법은 환원염 소성, 산화염 소성, 중화염 소성이 있는데 중화염 소성은 별로 이용하지 않는다. 환원염 소성은 유약이 녹기 시작할 때부터 유약과 질흙을 구성하고 있는 물질에 산소가 결합하는 것을 차단하거나 자체적으로 갖고 있는 산소를 빼내는 상태를 말한다. 반면 산화염 소성은 유약과 질흙에 있는 산소를 계속 유지시켜주는 소성이다.

청자와 백자는 환원염 소성을 하고, 분청은 산화염과 환원염 소성을 같이 한다. 환원염은 유약이 녹기 시작하는 900도부터 댐퍼를 조절해야 한다. 즉 가마 뒤 굴뚝 아랫부분에 뚫려 있는 공기구멍을 약간 닫아 가마 속으로 들어가는 공기의 양을 줄인다. 많이 닫아 공기 양을 아주 적게 하면 환원이 강하게 되고, 공기량이 많으면 환원이 약하게 된다. 환원은 대부분 950도에서 시작되며 환원을 시작한 후 5시간 동안 소성이 계속된다. 소성에 들어가서 환원을 시작할 때까지 기물의 종류와 크기에 따라 짧게는 4시간에서 9시간까지 걸린다.

청자는 7시간부터 18시간 30분까지 요장에 따라 소성 시간에 큰 차이를 보이나 9시간에서 11시간 30분까지가 가장 많은 분포를 나타낸다. 백자는 6시간부터 15시간 30분까지 소성하고 있으나 관상용을 제작하는 곳은 10시간 30분에서 14시간 30분까지 고른 분포를 보인다.

소성 온도는 1,150도에서 1,300도까지 나타나며, 백자는 1,250~1,280도가 가장 많았고, 청자는 1,200~1,250도가 대부분이다. 청자와 백자의 초벌은 보통 750도에서 950도까지, 5시간에서 10시간까지 넓은 분포를 보인다. 생활자기만을 소성할 때는 초벌을 3시간 반 만에 끝내기도 한다.

산화염 소성은 공기구멍을 모두 열어놓아 공기량을 많이 공급하므로 불꽃이 완전 연소되어 온도가 빨리 올라간다. 따라서 소성 온도곡선이 거의 직선에 가깝다. 환원염 때 950도 이후부터 끝날 때까지 5시간 정도 걸리던 것이 산화염 소성 때는 2시간이나 2시간 반 정도로 줄어든다.

보편적인 초벌 온도는 800도에서 900도 사이로, 시간은 4시간 반에서 11시간까지, 기물 크기에 따라 고른 분포를 보인다. 기물이 큰 경우는 초벌할 때 갑자기 온도가 올라가면 파손율이 높아지므로, 이를 줄이기 위해 재벌보다 오랜 시간 소성한다. 이는 환원염, 산화염 소성 모두에 적용된다. 산화염 재벌 온도는 1,150~1,300도로, 1,150~1,220도가 가장 많다. 시간은 7시간 반에서 14시간까지 다양하다. 산화염은 환원염보다 공정이 까다롭지 않다.

한도 서광수

한도韓陶 서광수徐光洙, 1948~는 수광리 태생의 이천 토박이다. 6형제 중 둘째였던 그는 단지 '먹고살기 위해' 열네 살이던 1961년, 홍재표가 지순탁, 고영재와 손을 잡고 부친이 하던 칠기가마 자리에 세운 '수금도요1958년 설립'에 들어가 톳물받기와 흙밟기로 도자를 배우기 시작했다. 그가 수금도요를 들어간 것은 아주 큰 행운이라 할 수 있다. 1세대를 망라하는 명장, 물레대장들 밑에서 일을 배울 수 있었던 것이다.

물론 그 자신의 노력도 빼놓을 수 없다.

"공장이 일을 끝마친 다음에 호롱불 밑에서 밤을 새우며 연습을 했다. 그런데 밤에 내가 물레질을 못하게 대장이 꼭 꼬막 한 점을 물레에 올려놓고 갔다. 그걸 치우고 작업을 하면 그 다음 날 아침에 대장에게 흙덩이로 맞았다. 하여간 그 덕택에 2년여 만에 물레에 앉을 수 있었다. 아마 열일곱 살쯤이 아닐까 싶다."

한도요

그의 회고다.

수금도요가 조소수에게 팔린 다음에는 지순탁의 고려도요로 들어가 흙만지는 일부터 불 때는 일까지 전 과정을 성실히 배워 1971년 성형실장 자리에 올랐고, 3년 후인 1974년에는 불을 주관하는 소성 담당이 되었다. 그렇게 1976년 그가 스물일곱 살이 될 때까지 지순탁 밑에서 일을 했는데, 박정희 정권에서 중앙정보부장을 지내는 등 권좌

1967년 고려도요 성형장 시절의 서광수

에 있다가 전두환 신군부에 의해 부정축재자로 몰려 재산을 몰수당한 이후 '도평요島坪窯'를 만들어 은둔생활을 하고 있던 이후락李厚洛, 1924~2009이 그를 빼내갔다.

이후락은 전 재산을 몰수당하고 사돈인 서정귀가 운영하고 있던 통영 충무관광호텔에서 기거했는데, 북한으로부터 납치당할 수 있다는 첩보를 받고 거처를 안전한 곳으로 옮겨야 할 필요성에 의해 사돈으로부터 지원을 받아 도평요를 만든 것으로 알려지고 있다. 도평요에서 30여 년 동안의 칩거도 이처럼 납치설과 세상에 대한 염증이 겹쳐져 담을 쌓은 것으로 보인다. 다음은 도평요와 얽힌 서광수의 기억들이다.

"이후락 씨와 도평요에 있으면 헌병이 일곱 명씩이나 나와 감시를 하곤 했다. 그러면 이후락은 공장장인 나를 불러 양주를 두 병씩 마셨다. 이후락은 그나마 도자기를 만들었기 때문에 잘 살다 돌아가신 것이다."

"1976년 도평요에 처음 갈 때 월급을 8만 원 받았다. 그때 군수가 5만 원도 못 받던 시절이었다. 그렇게 시작한 월급이 22만 원으로 오르더니, 1986년 나올 무렵에는 350만 원을 받았다. 대기업 사장도 그렇게는 못 받았다."

"도평요는 80년 초에 전기물레를 들여와서 발물레와 동시에 사용했다. 처음에는 물론 장작가마를 땠고 나중에 사돈이 가스 가마를 사줬다."

"한번은 해강 작품을 만들어주다가 (이후락에게) 들켜서 쫓겨난 적도 있었다. 그러나 물레대장을 할 사람이 없어서 바로 복귀했다."

서광수는 그렇게 도평요에서 1986년까지 10년을 일했다. 그렇게 25년 동안 도자 공장에서 직장생활을 하고 독립했다. 처음 그의 가마는 수광리 농협 뒤 삼보요 행랑채에서 시작했다. 일본 바이어들의 선주문 요청으로 인해 급한 대로 번듯한 집 없이 가마만 우선 만들어 제품을 생산해 일본으로 보냈다.

"내가 독립한 즈음은 우리나라 경우 아파트가 본격적으로 지어지기 시작한 때였다. 집집마다 장식용 도자기를 필요로 했다."

운도 좋았다는 설명이다.

1986년 이천도자기축제가 시작된 것도 그와 이은구, 유광열 등의 힘이 크다. 일본의 '아리타도자기축제'를 보고 와서 자극을 받아 이 뜻에 동조하

경기무형문화재인 한도 서광수

는 동료들 25명과 함께 시작한 것이다. 처음 시작은 남의 땅을 빌려 '도자기 장터'처럼 열었지만 그 행사가 문화관광부의 관심을 끌고 도자기엑스포로 발전하게 되었다. 이 공로 덕에 그는 1994년 문화부장관이 수여하는 공로상 을 받았다.

그가 후쿠오카福岡 다이마루백화점에서 첫 전시회를 연 것이 1990년대 초였다. 국내 첫 개인전은 1996년 잠실 롯데화랑이었다. 그의 작품은 청자와 백자, 분청, 진사까지 가리는 것이 없다. 특히 백자 달항아리는 든든하고 넉 넉하여 국립중앙박물관장을 지낸 고 최순우는 새색시의 풍만한 엉덩이와 비교하기도 했다. 그의 달항아리는 최순우가 조선 사기장들이 빚은 백자를 일컬어 '무기교無技巧의 기교'라고 찬탄했던 그 어눌하고 넉넉함과 닮아 있 다. 서광수의 달항아리는 조선의 그것처럼 원만구족圓滿具足한 형태미와 상하접합上下接合의 성형으로 인해, 찌그러져 있는 경우도 있다. 하지만 이에 개의치 않고 오히려 이를 즐기는 듯한 거리낌 없음이 서광수 도자미학의 한 핵심이다.

청자에 대해 그는 "비색은 고려시대에 놔두고 그 시대정신을 계승하겠다"는 입장에 서 있다. 청자의 다양한 문양과 기법 그리고 형태의 변화가 초기, 중기, 말기를 넘나든다. 분청사기는 서광수가 백자 이상으로 사랑하는 장르여서 그 수적으로나 종류에 있어 다양한 작품을 제작하고 있다. 그의 분청사기에는 상감, 인화, 조화, 박지, 귀얄 등 분청사기의 거의 모든 장식 기법이 망라된 예를 유감없이 보여준다. 자유분방한 느낌 뒤에 역동적인 힘이 느껴진다.

서광수는 당연히 전통적인 방법에 충실해 도자기를 만든다. 그의 작업장에서는 흔한 기계식 작업 도구를 볼 수 없다. 주재료인 흙도 발품을 팔아

한도요의 오름가마

한도 서광수 '백자철화죽조화문호'

한도 서광수의 백자 달항아리

구하고 유약이나 안료도 직접 만들어서 사용한다. 흙 밟는 과정이나 반죽도 당연히 그의 몫이다.

하동과 서산 등 일곱 군데에서 직접 수비한 흙을 조합해 사용하고, 유약이나 안료는 양구와 은고개 도석 등을 직접 채취하여 사용한다. 발색이 좋은 철을 구하기 위해 철광을 찾아가기도 한다. 요즘 흙이나 유약은 배합한 것을 사다가 쓰는 추세이나 배합을 잘해야 좋은 색을 얻을 수 있어 그는 이 모든 과정을 일일이 직접 한다.

그는 불의 흔적과 요변을 중시하는 작업을 추구하고 있다. 때문에 가스 가마는 일체 사용하지 않고 초벌조차도 장작가마를 고집한다.

"가스 가마를 쓰면 불 조절이 쉽고 편하고 많은 양을 구워낼 수 있다. 생활도자기를 만드는 데는 제격이지만 획일적인 색감과 똑같은 문양만 나올 뿐이다."

전통 요장은 가마와 장작 보관, 장작 패는 공간까지 확보해야 하므로 상대적으로 넓은 작업장을 필요로 한다. 가마 평수만 해도 70~80평은 족히 된다. 반면 가스 가마는 전체 70~80평만 있어도 작업이 충분하다. 여러 면에서 경쟁력이 떨어지지만 명장들은 모두 전통가마를 고수한다. 조상의 솜씨를 잇고 전통 문화를 보전하기 위해서는 그 길만이 정도이기 때문이다.

그가 애지중지하는 '백자죽문호' 한 점에는 하얀 자기에 대나무와 그 사이를 날아가는 두 마리의 새가 멋들어지게 그려져 있다.

"새는 내가 그린 게 아니다. 원래 대나무만 그렸는데 불의 온도가 높았는지 물감이 흘러내렸다. 꺼내 보니 대나무 사이에 새가 날고 있었다. 바로 '불이 그린' 새다. 청자와 백자는 반드시 26~29시간 동안 소나무를 때서 구워내야 제 색깔이 나온다."

서광수는 1998년 이후 일본 이바라키 현茨城縣과 후쿠오카, 고베, 도쿄 등에서 20여 차례의 개인전을 열 정도로 명성을 얻었고, 미국과 유럽에도 널리 알려졌다. 그의 '솜씨'는 국내보다 일본에서 먼저 알려지기 시작해, 일본인들이 현지 언론 기사만 들고 바다 건너 이천까지 그를 찾아왔다. 아리타세계도자축제 때는 일본 NHK TV에서 그의 가마에 찾아와 일 여 년에 걸쳐 도자기 만드는 전 과정을 촬영하여 그의 작품 세계를 알렸다.

발로 물레를 차가며 손수 배합한 질흙으로 형태를 빚는다. 장작을 패 불을 지피고 가마 앞에 선다. 성급함이나 지나친 욕심 없이 단지 도자기를 빚고 불을 지피며 서광수는 점점 흙과 물 그리고 불과 삼라만상에 달관한 도인의 모습을 닮아간다.

2001년 도자기엑스포 개막식 때 이천 대표로 '도자의 불씨'를 대회장에 운송하고 이를 당시 김대중 전 대통령에게 직접 전달했다. 그가 가장 자부심을 갖는 일이다. 그의 결론은 이렇다.

"멋있게 잘 살았다. 도자기 안 했으면 어디 가서 이렇게 폼 잡고 살겠나."

항산 임항택

2004년 대한민국 명장이 된 항산恒山 임항택林恒澤, 1950~2019은 물레대장 이정하의 제자다. 충북 음성 출신인 임항택은 특이하게도 미술교사를 지내다 도예의 세계로 빠져든 경우다. 임항택은 음성종합고등학교를 졸업하고 충주공업고등전문학교^{현 충주대학교}

항산요에 있는 대한민국 명장 비석

예의 세계로 빠져든 경우다. 임항택은 음성종합고등학교를 졸업하고 충주공업고등전문학교^{현 충주대학교} 기계과를 졸업한 뒤 대한철광, 흥한화학 등에서 선반과 기계 제도를 하기도 했다. 이후 교사 자격을 취득하고 음성 한일중학교 미술교사로 재직하던 중 1973년 운보雲甫 김기창金基昶과 이당以堂 김은호金殷鎬 화백이 조선백자전을 여는 사실을 신문에서 보고, 지금까지 끊긴 줄만 알았던 조선백자가 이천 등지에서 전승되고 있다는 것을 알게 됐다. 급기야 29세 되던 해 직접 도자기를 만들겠다는 결심으로 교직생활을 그만두고, 천박한 일로 여겨지던 사기장의 길로 본격적으로 들어섰다. 그의 기억으로 1975년 9월 15일이었다. 그때 이천에 와서 이정하에게 2년 동안 사사받았다.

임항택이 신세계갤러리에서 제1회 개인전을 개최한 것은 1977년의 일이다. 그러니 이정하 가마에서 독립하자마자 개인전을 연 것으로, 남들과 달리 매우 빠른 성취를 보인 셈이다. 따지고 보면 대한민국 명장이 된 것도 사기장이 되어 30년 만의 일이니, 다른 명장들에 비해 훨씬 이르다.

그러나 정작 본인은 이처럼 남다른 성취의 비결에 대해 말을 아낀다. 남보다 더 많은 시간을 연구하고 실험해야 한다는 것, 밤새워 가마터 현장에서 스스로 익히고 터득하는 방법밖에 없다는 사실은 굳이 강조하지 않아도 누구나 다 아는 사실이기에 그럴까.

생전의 항산 임항택

도자 공부를 막 시작했을 때 임항택은 조선백자에 쓰였던 전통 3색청화의
청색, 철화의 검은색, 진사의 붉은색 가운데 중요한 붉은색 진사辰砂가 그 맥이 거의 끊어
져서 제대로 전승되지 못하고 있는 사실에 큰 충격을 받게 된다.

심홍색의 진사辰砂동는 12세기 중엽 단정학丹頂鶴 정수리나 꽃의 화심 등
중요한 부분에 간간히 발색되기 시작했다. 13세기 고려 왕조의 몰락과 더불
어 그 기술 전수가 단절되었다가 400여 년의 공백기를 거쳐 17세기 후반 일
부분 나타났지만, 1883년 관요官窯가 폐지되면서 그 명맥이 또 끊겼다. 그러
다가 1950년대 중반에야 지순탁과 유근형 등에 의해 재현 연구가 비로소 시
작된 것이다.

이후 임항택은 진사 재현에 가장 애를 썼다. 그러나 처음 진사백자를 만
들 때만 해도 성공률은 2%에 불과했다. 100개의 기물을 가마에 넣으면 2개
밖에 발색이 안 되어 나오는 것이다. 그는 전통 문헌을 뒤져 장석, 재와 산화

구리가 혼합된 유약을 만들었으나 안정적인 붉은색을 내기까지는 정말 오랜 세월이 필요했다.

마침내 30년 만인 2005년 이를 완벽하게 재현해 끊어진 역사를 잇게 된다. 진사백자의 수율도 25%에 이를 만큼 큰 발전을 이뤘다. 그의 진사는 완벽할 뿐만 아니라 오히려 더 선명한 깊이와 세련미를 갖춘 것으로, '조선백자 진사 안료의 제조 방법 및 그 안료'로 특허를 받아 진사 채색과 발색의 선구자로 우뚝 서게 된다.

그렇지만 이에 대해서도 그는 "완벽한 성취라는 것이 어디 있겠느냐"며 "그저 끊임없이 연구하고 노력하는 과정이 있을 따름"이라고 했다.

임항택은 2007년부터는 명지대 산업대학원 연구 팀과 함께 '황금진사'를 실험하여 2009년에 새로운 경지를 만들어냈다. 구리를 사용한 기존의 진사가 주홍빛을 머금은 빨간색이라면, 황금을 사용한 황금진사는 남색이 살짝 감도는 자색 빛깔이다.

이렇게 완성된 그의 걸작들은 지난 2009년 7월 서울 예술의 전당 한가람 미술관에서 열린 진사백자전으로 한 획을 그었다. 이 전시회에는 일 년에 대여섯 점밖에 안 나오는 특대형 45점을 포함해 그의 작품 160여 점이 선을 보였다. 도자 분야에 대해 예술의 전당에서 공식적으로 대관을 하기는 처음이었다.

이렇게 임항택의 진사 도자기가 독보적인 입지를 획득하면서 지난 2008년 중국의 후진타오 전 주석에게 그의 진사백자 작품이 증정되었고, 2015년에는 홍콩 옥션에서 그의 진사 2점이 경합 끝에 고가에 낙찰됐다.

그의 백자는 진사를 돋보이게 하는 홍시, 매화, 붓꽃, 모란, 국화, 연꽃, 장미 등의 문양을 주로 쓴다. 과거에는 풍속화를 많이 그렸으나 세태에 따

항산 임항택 '백자청화노송문대호'

항산 임항택 '백자황금진사매화문대호'

라 화조도로 바뀌었다. 임항택은 물레질에서 시작해 장작가마에서 도자기를 꺼내는 일까지 40여 단계의 공정을 직접 했다.

임항택은 2002년 이삼평 일대기를 다룬 일본 영화에 이삼평 아버지 역할로 특별출연하는 등 명장의 독특한 풍모를 보여주었으나 안타깝게도 2019년 7월 흉선암으로 사망했다.

효천 권태현

효천曉泉 권태현權泰鉉, 1947~은 파주가 고향이다. 3남 1녀의 막내로 7~8세 무렵 서울 신당동으로 왔으나 가정 형편이 어려워 소위 전수학교라 불리던 고등공민학교 2학년 때 중퇴해서 초등학교 졸업이 그의 최종 학력이 되었다.

그때부터 그는 생활전선에 나가 공장에서 주물과 금속을 다루는 일을 했다. 그 와중에 금속 몰드, 곧 주형注型을 담당한 것이 나중에 큰 도움이 되었다. 그렇게 서울과 경기 일원의 공장을 전전하던 청년 시절의 어느 때 덕수

대한민국 명장의 집 효천요

2019년 1월 목디스크 수술로 인해 도자 작업을 하고 있지 못하나 도자기에 대한 열정은 사그러지지 않은 권태현 명장의 모습

궁 옆에서 한 전시회를 우연히 보게 되었는데 거기서 유근형과 지순탁의 청자를 만났다. 그들의 고려청자는 하루 종일 금속을 만지며 살던 청년의 마음을 흔들어놓았다.

일이 되느라고 그랬는지 마침 그가 알고 있던 한 지인이 지순탁과도 아는 사이였다. 그래서 그의 소개로 지순탁 가마에 가서 일을 배우게 되었다. 20대 후반의 일이었다.

그런데 그 지인이 강화도 손원면에 자신의 도자공장을 만들었다며 손재주 좋은 그를 다시 그곳으로 데려갔다. 이름만 '강화요'라 했지, 제대로 준비되지 않았던 터라 고생만 실컷 하고 변변한 작업도 하지 못한 채 일 년여 만에 이천으로 다시 돌아와 1980년 지순탁의 고려도요로 복귀했다.

권태현은 주물과 금속공예로 잔뼈가 굵었던지라 공예에 대한 기본지식이 풍부하고 손재주가 뛰어났다. 게다가 게으름을 피우지 않고 청자와 백자의 제조 방법, 디자인 및 소재 개발 등 일을 부지런히 익혔던 탓에 3년 만에 독립을 해서 지금의 효천요를 만들었다.

다른 명장들과 달리 지순탁 가마에서 매우 빨리 독립한 사실에 대해 권태현은 이렇게 말한다.

> "내가 이천으로 올 때 이 지역에 막 아스팔트 공사를 시작하던 무렵이
> 었다. 그만큼 시골이었다. 나는 서울에서 금속을 다루는 재주를 배운
> 사람이다. 그러니 그만큼 익히는 속도가 빨랐다고 할 수 있다. 단지 금
> 속에서 흙으로 재료가 바뀌었을 따름이었다."

주물과 금속을 다뤘던 그의 경험은 1986년 도자기의 다공투각형 성형 방법을 개발특허해 투각 기법을 손쉽게 구현할 수 있도록 만들었다. 이러한 공정상의 개선은 낮은 생산원가로 대량생산이 가능하고 높은 심미안을 만족시키는 디자인의 대중화와 현대화를 앞당기는 역할을 했다.

1985년에 제15회 전국공예품경진대회에서 우수상올림픽조직위원회 위원장상을 수상하면서 올림픽 기념품 생산업체, 중소기업진흥공단 지정 공예품 전문 생산업체로 지정되었다.

그도 처음에는 백자로 출발했지만 좋은 흙을 구하기 점점 힘들어지면서 청자로 바꾸었다. 그 과정에서 매병 등의 큰 작품보다는 소품과 생활자기를 만드는 쪽으로 특기를 굳혔다. 2005년 대한민국 명장이 되었을 때 그가 전공을 세라믹으로 선택한 것도 전통 도예보다는 생활에 밀접하고 보다 폭넓은 현대적 감각을 표현하고 싶어서였다.

• 효천 권태현 '청자투각목걸이' •• 효천 권태현 '청자사자향로'

••• 효천 권태현 '청자박지문목단호'

효천갤러리에 걸려 있는 수많은 상장들과 도자기들

"나 역시 근본은 백자와 청자다. 이러한 근본을 바탕으로 '나만의 색깔'을 낼 수 있는 작품을 만들어 생활 속에 전통 자기의 대중화를 위해 생활자기나 소품 등 대중적인 제품을 통해 전통의 맥을 잇고자 지금까지 달려왔다."

"토기는 숨을 쉰다. 수천 년을 한결같이 살아서 시간과 공간을 담아 오늘에 다다른다. 살아 있는 것이다. 그릇에 담긴 시간과 공간 역시 살아서 역사가 된다. 그러나 전통은 멍에가 아니라 뿌리와 기본 바탕이 되는 것으로 모방과 흉내 내기가 아닌 시대의 개성을 담아내는 것이 현대 도예의 본분이라고 생각한다."

다만 2대 효천이 없어 아쉽기도 하지만 누군가 이 기술을 배운다면 아낌없이 자신의 기술을 전수하겠다는 작은 바람을 가지고 있는 권태현은, 현재 도자기가 소비 규모에 비해 과잉 생산되고 있어 부단히 다른 사람들과 차별되는 디자인과 생산 방식, 유통 방법을 고안해낼 필요가 있음을 피력한다. 기술 개방 등 끊임없이 새로운 시도를 하지 않으면 도태되기 쉽다며 전통 도자에서 머물지 말고 개성이 잘 묻어난 새로운 영역을 개척해야 한다고 말한다. 그래서 권태현은 청자를 활용한 소품 제작에도 열성적이다.

수안 장영안

나는 왠지 잘 빚어진 항아리보다

좀 실수를 한 듯한 것이 마음에 들었다

아내를 따라와 옹기를 고르면서

늘 느끼는 일이지만

몸소 질그릇을 굽는다는

옹기전 주인의 모습에도

어딘가 좀 빈 데가 있어

그것이 그렇게 넉넉해 보였다

내가 골라놓은 질그릇을 보고

아내는 곧장 화를 내지만

뒷전을 돌아보면

그가 그냥 투박하게 웃고 섰다

가끔 생각해보곤 하는데

나는 어딘가 좀 모자라는 놈인가 싶다

질그릇 하나를 고르는 데도

실수한 것보다는 차라리

실패한 것을 택하니

–정희성의 '옹기전에서'

정희성 시인의 '옹기전에서'라는 시다. 옹기는 이렇게 어딘가 빈 데가 있고, 투박해 보여도 넉넉하고 자꾸 마음이 가는 존재다. 실제로도 전통 옹기는 '불량제품'들이다. 옹기를 만드는 흙은 돌 알갱이도 드문드문 섞인 황토를 사용하는데, 이 항아리가 1,200도 넘는 불가마에 들어가면서 보통 20~30%의 수축이 일어난다. 이때 수축한 흙과 줄어들지 못한 돌 알갱이들 사이에 미세한 구멍들이 생겨나는데, 이 불량 구멍들이 발효 음식에 꼭 필요한 숨구멍 역할을 해준다. 그래서 된장이나 고추장, 김치 등 발효 음식에는

수안요 오름가마 옆에 차곡차곡 쌓여 있는 장작들(좌)과 수안요에 있는 오름가마(우)

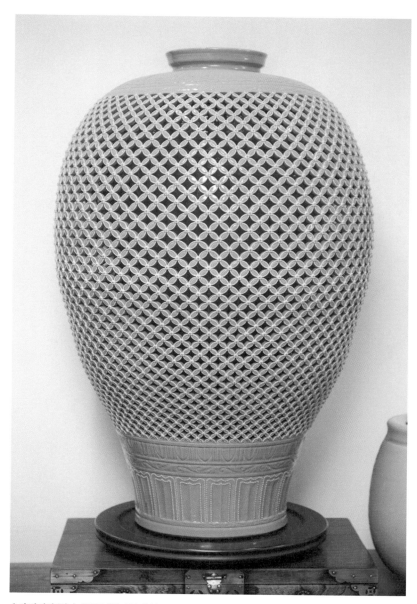

수안 장영안 '청자이중투각칠보문대호'

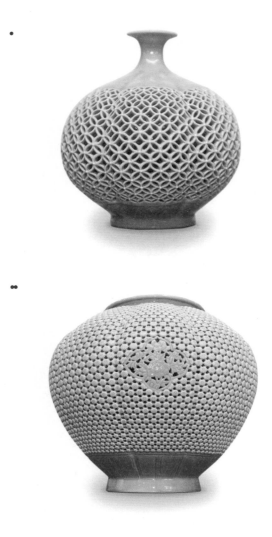

• 수안 장영안 '청자투각칠보문병'
•• 수안 장영안 '청자이중투각목단문달호'

'손맛'과 더불어 '독맛'이라는 말이 생겨난 것이다.

수안壽安 장영안張英安, 1952~은 바로 이러한 용인 이동면 옹기장이의 아들로 태어났다. 용인 태성중학교와 같은 고등학교를 졸업한 그는 학창 시절 운동을 유난히 좋아해 육상선수로 활동하면서 체육인이 될 수도 있었지만 고등학교 졸업 후 바로 이천으로 와서 도예 인생의 길에 들어섰다. 피는 못 속인다고 옹기장이에서 이어진 남다른 손재주는 어릴 때 공작 시간에서 인정을 받았기에, 장영안은 도예가로서의 길을 망설이지 않았다고 회고한다.

이천의 대다수 명장들이 유근형이나 지순탁 1세대 명장 밑에서 성장한 것과 달리, 그는 오로지 아버지의 전승과 자신의 부단한 노력으로 거듭 태어난 '자수성가형' 사기장이다. 따라서 장영안의 시작은 넉넉한 옹기의 형태였을지 모르지만 도자 작업은 치열하기만 한 투각, 그중에서도 이중투각의 길로 나갔다.

현재 작업 중인 투각 앞에 선 장영안 명장

1979년 해화도예연구소를 설립한 데 이어 1986년 사음동에 지금의 수안도예를 만들었다. 1996년에 다기류 작품 특허 및 의장등록을 마치고 일본 마쓰자카야松坂屋백화점에 수출했다. 이런 성과는 1999년 일본 '톱 아트 컴퍼니Top Art co. LTD'와의 수출 계약으로 이어졌다.

1999년 명지대 산업대학원 도자기기술학과 제1기 졸업생으로, 성형과 가마, 유약 등에 있어 연구 개발을 꾸준히 해왔다. 그 결과 2003년에 '도자기 양각 문양 및 문자 성형 방법'과 'LNG를 이용한 도자기 가마'로 각각 특허를 받았다. 또한 2006년에는 '유약 개발, 상감 개발 제조 방법'에 대해 등록했다.

장영안은 IMF 외환위기 때도 좌절하지 않고, 여행사를 통해 일본과 유럽 등 외국인 고객을 꾸준히 확보한 전략으로 효과를 거뒀다. 도자기는 사회적 부침에 매우 심하게 요동치지만 슬기롭게 이를 해결하는 비전을 세우고 이를 실천해나간 것이다. 그의 작품이 유독 사극 드라마에 많이 협찬 출연된 것 역시 이 같은 실용적 전략의 하나인 듯하다. 드라마 「장길산」, 「왕의 여자」, 「왕과 나」, 「뿌리 깊은 나무」, 「옥탑방 왕세자」 등에 그의 작품이 등장했다.

수상 경력을 보면 2008년 제29회 대한민국 미술공예대전 대상, 제6회 국제 차문화대전 대상, 대한민국 환경문화 대상, 2011년 제8회 대한민국 도예공모전 대상, 2012년 제40회 강진 청자공모전 우수상 등이 있다.

그에게 투각은 무엇일까.

"청자 투각은 마르기 전 상태에서 조각하고 상감을 넣고 그림을 그린다. 내게 상감청자의 매력은 하고 싶은 대로 다 할 수 있다는 것이다. 내가 원하는 대로 작품을 만들 수 있다. 그러나 도자기를 굽는 것은 절대

단순한 과정이 아니다. 디자인 개발이 돌파구가 된다. 작품의 디자인을 다양하게 창조한다는 철학이 중요하다."

그 역시 흙의 철학은 다른 명장들과 비슷하다.

"45년 동안 자기를 빚어냈지만 흙을 만질 때마다 순수해짐을 느낀다. 그래서 흙에 내 영혼을 다 실어도 아깝지 않다."

장휘 최인규

최인규崔仁圭, 1953~는 1970년대 초 고등학교 실습생으로 이천에 왔다. 그의 지구력을 눈여겨본 서울공업고등학교 요업과 3학년 담임 선생님의 권유에 의해서였다. 최인규는 옛날에 으레 그랬듯 6km를 걸어서 초등학교를 다녔고 중학교와 고등학교 때 육상부로 활약했다.

고등학교를 졸업하고 이천에 내려온 최인규는 운 좋게 유근형 밑에서 일하게 되었지만 일 년 동안 의미 없이 시간을 보냈다. 전기도 들어오지 않는 시골에서 고생한 대가는 친구들에 비해 상대적으로 적었고, 청자에 끌리지도 않았다. 최인규가 도자기의 일인자가 되어야겠다는 꿈을 키운 것은 제대하고 이천으로 다시 돌아온 직후였다.

"솔직히 해강 선생님이 얼마나 훌륭한 분인지 몰랐다. 그런데 군 복무를 할 때 '고려청자를 끝까지 해봐야겠다'는 생각이 들더라. 제대 후 그런 결심을 굳히고 완전히 다른 사람이 돼서 이천으로 돌아왔다. 그다음부터 스펀지가 물을 빨아들이듯 도예를 배웠다. 청자의 섬세하고 세련된 맛에 눈을 뜬 것도 그때였다."

　그때부터 그는 유근형 아래서 30여 년 동안 성형, 청자 문양, 조각 등 다양한 도예 기술을 익혔다. 하지만 그가 유근형 아래서 일하고 있다는 사실은 많은 사람들이 알지 못했다. 오로지 일에만 매달렸을 뿐 바깥 활동을 잘 하지 않았기 때문이다. 그가 스카우트 제의를 물리치고 '장휘고려청자연구소'를 만들어 독립한 것은 1992년이었다. 이름부터가 해강의 영향을 받은 것임을 알 수 있다. 그때부터 고서를 참고하고, 박물관을 찾아 작품을 감상하고, 발로 뛰는 답사를 통해 지식의 탑을 쌓았다.

　'장휘요獎輝窯'는 2002년 한국도예고등학교와 인접한 곳에 설립했다. '장휘'는 '크게 빛나라'는 뜻이다. 장휘요 설립 이후 쉼 없이 작품을 만들며 그의 도자기 세계를 탄탄하게 구축하며, 해강의 형태에서 벗어나 자신만의 독창적 작품을 만들기 위해 노력했다. 그 결실이 인정받아 2005년 이천시 도자기 명장 선정, 2007년 제7회 강진 청자공모전 대상 수상, 그 해 제32회 대한민국 전승공예대전에서 '청자상감당초화문대반靑磁象嵌唐草花文大盤'으로 대통령상을 수상하면서 청자 장인으로서 두각을 나타냈다.

벽옥 최인규의 작업하는 모습

- 　제32회 대한민국 전승공예대전에서 대통령상을 받은 '청자상감당초화문대반'
- ••　장휘요 한구석에 자리잡은 도자기들

2대 벽옥이 3D프린터로 만든 청자로, 현대 기술을 많이 활용하려고 연구하고 있다.

"작품은 하루아침에 탄생하는 것이 아니다. 30여 년간 그림, 잡지, 신문조각을 수집하고 응용해 기존 틀에서 벗어나 새롭고 독특한 창작으로 선과 문양을 만들어냈다. 밤낮으로 도자기에 대한 생각과 열정이 나를 지배했다. 전시회와 개인전에 출품된 내 작품을 보고 남들이 아름답다고 칭찬해주면 가슴이 뜨겁게 달아올라 더욱 정진해야 한다는 생각이 든다."

그의 대표작인 '청자상감당초화문대반'은 무려 5년간의 인고 끝에 탄생한 작품이다. 도드라진 타원들이 밖을 향해 은은한 곡면을 뽐내는 이 작품은 둥근 대반이 정확히 5등분되어 있다. 또한 바닥 한가운데 원이 하나가 존재하는데, 이는 오대양 육대주를 상징하는 것이다. 세계를 호령하며 떨쳐나가는 우리 민족의 기상을 담아낸 것이다. 당초문, 대나무, 구름, 학, 석류, 모란 등 전통적인 문양이 끊이지 않고 담겨 고려청자 전통의 맥을 잇고 있다.

- 벽옥 최인규 '청자양각죽순문병'
- 벽옥 최인규 '청자상감목단포도문호'

벽옥 최인규 '청자어문호'

"청자에는 우리 민족의 정서가 담겨 있다. 특히 옛 선인들의 은은한 비취색과 문양을 재현하는 것도 중요하지만 시대성을 반영해야 한다. 그래서 개구리 발, 죽순, 물고기 등의 문양을 재해석하는 등 전통과 현대의 조화를 추구하며 새로운 방식을 접목하기 위해 노력하고 있다."

최인규는 이천이 도자기의 메카가 된 이유에 대해 이렇게 설명한다.

"훌륭한 스승이 계셨으니 좋은 정신과 좋은 기술을 배울 수 있었다. 좋은 스승이 계시니 좋은 인적 자원이 모이게 되고 뛰어난 인적 자원이 풍부해지다 보니 이천의 도자기 기술은 자연스럽게 발전하게 되었다. 선순환이다."

최인규는 봉사활동에 대한 확실한 지론이 있다. 이에 따라 도자기축제 등 지역 행사가 열리면 행사의 주인공이 되어야 할 명장이 교통정리 등 잡일을 하는 것에도 개의치 않는다.

"대한민국 명장 선정 기준 세부 항목에 특허와 사회봉사 활동이 있다. 처음엔 조금 황당했다. 그런데 정부에서 '명장'이라는 칭호를 주는 이유는 그 분야에 대해 끊임없이 연구하고 연마해야 한다는 것을 인식하게 됐다. 봉사활동도 처음엔 필요에 의해서 했지만 지금은 자연스럽게 하고 있다. 봉사활동의 횟수가 거듭될수록 나는 참 행복한 사람이라는 사실을 느낀다. 돌이켜보니 대한민국 명장을 준비한 십 년은 좋은 작품을 만드는 것은 물론이거니와 국가와 사회에 헌신하고 공헌하는 일을 체질화시키는 과정이었다. 참 고맙게 생각한다."

그의 요장 이름은 장휘獎輝다. 보통 호를 따라 요장 이름을 짓는데 그만은 다르다. 최인규는 장휘요가 생기기 전에 '벽옥碧玉'이라는 호를 사용하고 있었다. 누군가가 크게 되라는 의미로 장휘라는 이름을 선물해 요장 이름은 장휘라고 붙이고 호는 벽옥을 사용한다. 현재 그의 아들이 2대 벽옥을 이어받으려고 한다. 다만 세대가 다르니, 조금 더 현대적으로 도자기를 빚으려고 많은 연구와 노력을 하고 있다. 도자산업의 미래가 불투명하다고 말하는 사람들에게 그는 이렇게 말한다.

"도자기는 사라지지 않는다, 인간이 영원히 존재하는 한. 다만 우리는
전통을 잇는 노력을 게을리하면 안 된다."

3
이천시를 빛내는
명장들

**400여 명의 도예가들의 활동이 있기에
지금의 이천이 있다**

이천시에는 400여 명의 도예가들이 활발하게 활동하고 있다. 그 많은 도예가를 이 한 권에 다 담을 수 없다는 점이 야속하지만 그래도 몇 분만은 이 자리를 빌려 소개하고 싶다. 나이순으로 정리했으니, 그 흐름대로 보면 이천 도자기의 역사를 짧게라도 살필 수 있을 것이다.[03]

청파 이은구

청파靑坡 이은구李殷九, 1943~는 이천에서 보기 드문 분청사기 명장이다. 그도 그럴 것이 그에게는 우리나라 철화분청鐵畵粉靑의 메카인 공주의 피가 흐르고

---

03 이 단원에서는 이천시 지정 명장들 외에 이은구, 엄기환, 이호영 3인을 별도로 소개했는데, 3인이 모두 각자 다른 분야에서 이천 도자 발전에 기여한 공로가 있는 인물들이어서 충분한 자격이 있다고 판단해 넣었음

있다. 공주시 정안면에서 태어난 그는 초등학교에 다닐 당시 동학사로 소풍을 갔다가 학봉리에서 깨어진 분청사기 도편 무덤을 봤고, "일본 사람들이 이 조각들을 많이 가져갔다"는 설명을 들었다.

학봉리는 우리나라에서 유일하게 철화분청 도편이 발견되는 지역이다. 이는 오직 학봉리에서만 철화분청이 만들어졌다는 얘기가 된다. 일본이 강점기에 도요지 발굴 조사를 처음으로 실시한 곳도 바로 학봉리였다. 이후 서울의 한 박물관에서 동학사에서 보았던 도편의 완성품인 분청사기를 만나게 된 이은구는 그 아름다움에 넋을 잃었다.

그는 박물관 관계자에게 "지금도 이러한 것을 만들 수 있느냐?"고 질문했고 관계자는 "지금은 이러한 도자기를 만들 수 없다"라고 답했다. 이 대답을 들은 이은구는 '예전에는 만들었는데 지금은 왜 만들 수 없을까?'하는 안타까움을 늘 가슴에 지니게 된다.

그러던 그가 1963년 한양대학교 건축공학과 1학년을 마칠 무렵 경기도 광주 도요지에 놀러갔다가 대구 태생인 도예가 조동헌曺東憲, 1918~1978을 만나게 됐고, 분청사기의 아름다움에 매료돼 그의 제자를 자청했다. 당시 조동헌은 우리나라에서 분청사기를 잘 만드는 몇 안 되는 사기장이었다. 서울 강남의 세곡동에서 '동헌요'를 운영했다.

조동헌의 이름은 국내엔 그리 알려진 편이 못되나 일본에선 매우 열광적인 팬들이 있어서 후원회까지 결성해 매달 회비를 모아 10만 엔씩 송금해주었고, 오사카에 조동헌의 작품을 전시하고 판매하는 장소까지 마련하는 한편, 그의 묘소에 헌창비까지 세워주었다.

조동헌에 대해서는 당시 일본에서 '여러 명기를 옛 그대로 재흥했을 뿐 아니라…… 참으로 한국의 오랜 도예사에 있어서도 찬란히 빛나는 불세지

청파 이은구의 작품들

재' 또는 '20세기를 대표하는 거장' 등의 찬사가 끊이지 않았는데, 이런 찬사
를 보낸 사람들 가운데는 저명한 고고학자로 동북아시아 역사의 세계적 권
위자였던 미카미 쓰기오三上次男, 1907~1987 전 도쿄대 교수도 있었다.

그러나 이은구의 입문을 반대했던 조동헌은 그에게 6개월 동안 장작 패
기, 흙 반죽하기 등 어려운 일만 시켰다. 그럼에도 이은구는 이 일을 즐겼다.
모든 사기장의 예에서 보듯 이런 일은 도예 작업의 기초였던 것이다.

조동헌의 장기는 분청사기로, 박지분청이나 상감분청, 계룡산유의 귀얄
분청으로 일본인 취향의 다기들을 제작했다. 스승과 마찬가지로 이은구의
작품 역시 국내보다 일본에서 그 진가를 먼저 알아봤다.

어느 날 일본 다나카 가쿠에이田中角榮, 1918~1993 총리의 친구가 이은구 찻사
발을 사서 다나카 총리에게 선물을 했다. 이 찻사발을 받은 다나카는 이은
구 작품에 매료돼 그를 일본으로 초청했고, 이은구는 이에 찻사발 600점을

제작해 일본으로 건너갔다. 그리고 다나카와 함께 일주일 동안 찻사발 박스에 서명을 했다.

이렇게 서명된 작품은 다나카 수상의 의전 선물로 사용됐으며, 이로 인해 그는 일본에서 더욱 유명세를 타게 됐다. 몇 년 후 고 이병철도 그에게 다완을 주문했다. 이은구가 개최한 전시회는 1981년 일본 가고시마에서 열린 유해강과 이은구 2인전을 비롯해 규모가 큰 것만 30여 차례다.

1978년 일본 RKB, 1979년 NHK 등 방송국에서 그를 다룬 프로그램을 일본 전역에 내보낼 정도로 인기를 얻은 이은구는 1981년 일본 아리타도자기축제에 참석했는데, 그 축제가 이미 60회라는 사실에 커다란 충격을 받는다. 이은구는 공주 출신이면서도 이천문화원장을 12년이나 역임한 터라 이에 자극을 받아 당시 문화공보부를 설득하여 그해 가을 제1회 이천도자기축제를 열었고, 이 축제가 전국 유명 축제로 도약하면서 문화관광 축제 시대를 여는 발판을 마련했다. 또한 2001년 이천을 중심으로 세계도자기엑스포가 열리는 데도 결정적인 공헌을 했다. 그때 김대중 대통령이 그의 작품에 휘호했다.

이은구 작품은 정상회담의 의전 선물로 각광을 받았다. 1994년 4월 김영삼 대통령이 일본에 갔을 때 당시 일본 왕에게 준 선물로 그의 도자기가 선정됐다. 이때 작품에는 당초 문양이 담겨 있는데, 여기에는 깊은 속내가 있다.

'당초 문양'은 전쟁 중에는 나오지 않고, 평화로울 때만 나오는 상상의 풀이어서, 침략 근성이 있는 일본을 향해 '정신을 차리라'는 의미를 도자기에 담았다는 것이다. 이은구는 자신의 작품에 이러한 뜻이 담겨 있다는 이야기를 일본 언론에 밝혔다고 한다.

같은 해 김영삼 대통령과 장쩌민 주석, 이붕 총리와의 한중 정상회담 때 선물로 선정된 도자기 작품 8점도 모두 이은구 작품이다. 그는 이 당시 선물로 십장생을 권했다. 중국과 한국은 오랜 세월을 함께 해왔던 나라인 만큼 앞으로 오래도록 서로 잘 지내보자는 의미를 담았기 때문이다.

이후에도 그의 작품은 러시아 옐친 대통령, 미국 클린턴 대통령, 프랑스 자크 시라크 대통령에게 선물로 보내졌다. 김대중 대통령의 미국, 캐나다, 러시아 국빈 방문 때에도 역시 그의 작품이 동행했다. 오스트리아 빈 국립박물관에 이은구의 작품이 영구 보존 전시되고 있다. 대한민국 문화훈장[1997]과 국민훈장 모란장[2006]을 수여했다.

송월 김종호

송월松月 김종호金鐘浩, 1938~는 나이로도 그렇고, 명장이 된 연도로도 그렇고 이천시 명장 가운데 최고참이라 할 수 있다. 2003년 한청 김복한과 함께 명장으로 선정됐다.

앞에서도 언급됐지만 서울 왕십리 출신인 김종호는 사기장 1세대 김완배

조각하고 있는 송월 김종호

金完培, 1891~1964 아들로 소년 시절 도자에 입문해 60여 년의 세월 동안 13세기 이후 단절되었던 고려청자의 아름다움을 되살리는 데 매진해왔다. 지순탁 가마에서 사기장 생활을 시작했고 해강 유근형 밑에서도 일했던 경험은 매우 진귀한 이력이다.

김종호의 부친 김완배는 고향이 황해도로, 서울로 올라와 서대문 밖 구파발에 조그마한 도예공장을 하다가 대방동 가마^{한국미술품연구소}에서 백자를 만들었다. 김종호는 그렇게 아버지를 따라다니며 조각을 배웠고, 18세부터는 대방동 가마에서 불 때는 일을 도왔다. 그의 말마따나 대방동 가마에서 일했던 '시다' 5명 가운데 이제 유일하게 그만 남았다. 그의 존재 자체가 문화재급인 것이다.

김종호는 대방동 가마에서 1957년까지 일하다 자신만의 작품을 만들고 이를 대중화할 목적으로 서산으로 가서 직접 도예공장을 차리기도 했다. 하지만 운영이 어려워 칠기공장으로 바꿔 운영하다 1970년에서 1978년까지 해강청자에 취직해 월급쟁이 생활을 했다. 지금으로 환산하면 연봉 1억 원이 넘는 고소득자에 속했지만 그는 과감히 포기하고 1979년 송월요를 설립했다. '송월요'라는 이름에는 소나무처럼 푸르고 달처럼 은은히 세상을 비추는 도자기를 만들겠다는 의지가 숨어 있다. 월급 생활을 하면서 모은 전 재산을 투자한 과감한 도전이었다.

"1960~1970년대는 경제 개발이 본격화되면서 1970년대 후반부터 도예에 대한 수요가 폭발적으로 늘어나기 시작했다. 지금이 나의 이름을 건 작품을 세상에 알릴 때라고 확신했다."

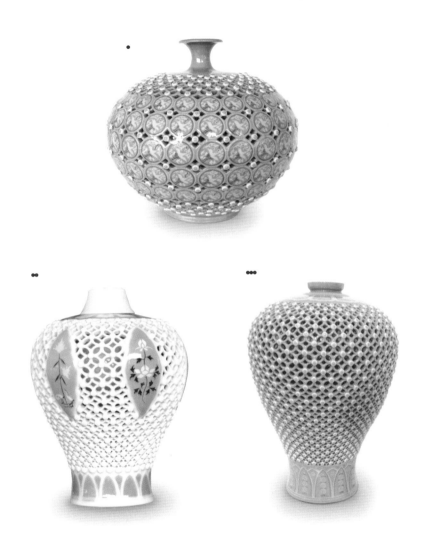

• 송월 김종호 '청자투각상감운학문병'

•• 송월 김종호 '백자상감목단유로문칠보투각매병'   ••• 송월 김종호 '청자칠보문투각매병'

지금까지 수많은 사기장들이 고려청자의 비색에 도전했지만 김종호가 재현한 비색이 그 본질에 가장 접근해 있다는 평가를 받는다. 그 때문인지 송월요 청자는 도자기에 조예가 깊었던 고 이병철 삼성그룹 회장이 생전에 거래업체의 CEO들에게 즐겨 선물하면서 세계적으로 품질을 인정받았고, 정부에서 국빈에게 선물하는 도자기로 쓰이면서 명품 반열에 올랐다.

송월요는 설립과 동시에 브랜드로서 특허출원까지 했다. 김종호는 청자에 그의 호를 새긴 가짜 작품을 막기 위한 방편으로 특허를 냈다. 결과적으로 이는 송월요가 명품 브랜드로 각인되는 효과를 가져왔다. 송월요 설립과 함께 맞이한 1980년대에는 일본에서 전통 도자기가 대유행이었고, 88서울올림픽이 열리면서 전국 각지에서 주문이 쏟아졌다. 하지만 공급이 수요를 따라가지 못해 인력을 24시간 풀가동할 만큼 바쁜 나날을 보냈다.

자신만의 청자를 만들기 시작할 때부터 김종호는 비싸고 만들기 어려운 '고부가가치' 제품에 몰두했다. 고려청자의 비색과 문양 개발에 정열을 기울이면서도 현대적인 효용성 제고 방안에 대해 집중적으로 파고들었다. 굽는 온도와 흙 배합 등을 데이터화해서 작업의 효율성을 높이고자 했다. 기존 사기장들이 감에 의존하던 공정을 데이터화해 기술적인 노하우를 축적한 것이다.

그의 나이를 생각하면 매우 놀라운 일인데, 가업을 잇고 있는 아들의 공로가 컸다. 4남매 중 차남으로 1978년 이천고등학교를 졸업하고 스스로 도예가의 길을 택했던 송붕松朋 김성태金聖泰, 1959~는 그의 아버지처럼 역시 아버지를 따라다니며 일을 배웠고, 청자 연구에 대한 관련 자료를 문서화하고 공정을 현대화하면서 바이어를 상담했다.

그러므로 송월요 청자가 현재와 같은 명성을 얻기까지는 약 1백 년의 세월에 걸쳐, 김성태까지 3대가 이어져 내려오며 가업의 맥을 잇고자 노력했던 땀과 눈물의 결과다. 김성태는 지난 2001년 세계도자기엑스포에서 처음 선보인 '노 크랙no crack 기법'의 청자로 주목을 받은 바 있다. 청자 표면이 얼음의 균열처럼 갈라지는 빙렬 현상을 없애 기존 청자가 10년쯤 지나면 색상이 변하는 단점을 보완한 차세대 작품이었다.

자신의 마음에 드는 색이 나왔을 때 가장 행복하다는 김종호. 그렇지만 그는 단언한다.

"박물관에서 볼 수 있는 고려청자의 비색은 아직 재현하지 못했다."

천년의 세월이 흐른 지금까지 풀리지 않는 청자의 비색에 대한 비밀이 아마도 사람들을 홀리는 이유가 아닌가 싶다.

취당 이승재

2008년 성형 부문에서 이천시 명장으로 선정된 취당炊堂 이승재李承載, 1947~는 경북 성주 옹기공장에서 일하던 형의 권유로 도자기를 빚게 되었다. 정확하게 도예에 입문한 것은 1969년 이천의 지순탁의 고려도요에서 일하면서 시작하게 됐다. 물레질 하나만은 잘해서 이천시 명장까지 됐다는 이승재 명장의 웃음엔 연륜이 묻어 있다.

이승재는 1983년 명승도예를 설립하고 각종 대회에 도자기를 출품해 특선과 입상을 수상했다. 제9회 대한민국 국제미술대전에서 특별상1995, 제37회 경기도 공예품대전에서 입상2007, 제7회 청자공모전에서 특선2007 등 그가 이천시 도자기 명장으로 선정되기까지 수많은 경력을 보유하고 있다. 하지만

- 명승 이승재 '청자양각연어문병'   •• 명승 이승재 '청자투각진사연화문병'
••• 명승 이승재 '청자상감송학문매병'

깊은 연륜이 묻어 나오는 취당 이승재

결코 그것을 내세우지 않는다. 그저 이천에서 도자기를 빚었던 한 사기장으로 남고자 하는 마음이 크다. 자식에게도 사기장의 길을 가라고 권하지 않는 것은 자신이 너무도 험난한 길을 걸어왔기에 욕심을 낼 수 없기 때문이다.

그는 청자를 줄곧 빚어왔지만 청자의 일상화 작업을 통해 청자 수요처를 넓혀야 한다고 피력한다. 추운 겨울 그의 작업실은 냉기가 가득했지만 그의 갤러리엔 그동안 그가 빚어온 정열과 혼이 담겨 있었다.

"좋든 싫든 그냥 했다. 그 안에는 나의 열정들이 다 들어가 있다."

여천 이연휴

여천如泉 이연휴李連休, 1949~는 1967년 도자 세계에 입문했다. 당시 전남 광주시 우산동에 살던 그는 이웃에 생긴 가마에서 우연히 본 청자에 이끌렸다. 그렇게 그는 고향집 옆에 우연히 들어선 도자기 작업장 송도요에서 도자기를 배

도자기 앞에선 평생 겸손할 것 같은 여천 이연휴

우기 시작했다.

"흙에서 흙으로. 흙에서 작품이 만들어진다는 게 참 신기했다. 어떻게
보면 무에서 유를 만드는 거랄까. 알수록 궁금하고 신기했다. 계속 배
워보고 싶어서 이곳에 발을 들이게 됐다."

'송도요'에서 2년간 흙에 묻혀 살았지만 가슴과 정신은 늘 공허했다. 도
자기를 보다 더 체계적으로 전수받고 싶은 욕심이 생겼다. 그리하여 소문을
듣고 이천으로 발걸음을 옮겨 1969년 고려청자연구소에 입사해 해강 밑에
서 10여 년 일하다가 1980년에 여천요를 만들었다. 해강 밑에서 독립해 자신
의 가마를 만든 것은 김종호의 송월요가 첫째고, 여천요가 두 번째다.

"배워도 배워도 끝이 없었다. 어느 정도 성취를 했다고 생각했는데 또 앞

으로 더 나아가야 할 것들이 보이니까. 세월 가는 줄도 몰랐던 것 같다.

맨 처음 시작할 때도 유약을 만드는 작업을 했는데, 지금도 여전히 유약

실험을 하고 있다. 반백 년이 넘은 지금도 여전히 실험의 연속이다."

이연휴는 그렇게 50년 넘게 줄곧 도자기를 빚었다. 가마 이름인 '여천' 그대로, 흐르는 물처럼 한결같았던 세월이었다. 이연휴는 아직도 진정 자신의 마음에 흡족한 작품은 나오지 않은 것 같다고 말한다. 겸양일 수도 있지만 이른바 장인이라면 누구나 다 그런 마음을 조금씩은 가지고 있는 것이 아닐까? 그가 진심으로 마음에 들어 할 작품은 언제쯤 나올까.

"박물관에 가서 옛 선조들의 작품을 보고 있으면 그들이 진정한 천재

가 아닐까 하는 생각이 든다. 나는 언제나 저렇게 만들까, 내 재주로 저

세계에 가 닿을 수 있을까, 그런 마음이다. 뭘 만들어도 만족이 없는 것

같다. 그래도 그냥 주어진 대로, 힘이 닿는 대로 작업을 하는 수밖에 없

다. 실패해도 원인을 알 수 없고 잘돼도 마찬가지다. 여긴 완벽한 끝이

있는 게 아니라 더 나은 작품을 만들기 위한 과정만 있을 뿐이다."

흙을 통해 무에서 유를 만드는 여천요

그렇다고 그가 작업의 치열함을 놓치겠는가. 세월은 속절없이 흘러갔지만 '혼'만은 작업장에 깊게 서렸다.

"작품을 만드는 과정에서 혼이 들어가지 않을 수가 없다. 모든 작업을 할 때 항상 내 혼을 담는다는 생각으로 전념한다. 혼을 담는 게 먼저고 재주는 그 다음이다. 하나의 도자기를 빚더라도 혼을 담는 것, 그게 가장 중요하다."

이런 마음과 작업의 결과 이연휴는 2004년 조각 부문으로 이천시 명장에 선정됐다. 명장 칭호가 붙은 다음에는 어떤 생각이 들었을까.

"가장 먼저 책임감이 들었다. 우리가 과거 시대의 청자, 백자, 분청을 조상들에게 물려받았듯이 우리가 후손들에게 남겨줄 수 있는 이 시대의 도자기는 무엇일까 생각했다. 우리처럼 과거의 것을 언제까지 답습할 수 없지 않은가. 이 시대의 도자기를 다시 후손들에게 남겨줄 수 있다면 좋겠다는 생각이 떠나지 않는다."

여천요에서 만들고 있는 도자기들

그렇게 해서 만들어낸 게 '황자黃磁'였다. 그는 여러 번의 유약 실험 끝에 기존의 청자나 백자와는 다른 빛깔을 입혀 황색을 띠는 도자기를 만들어내는

• 따뜻한 느낌을 주는 황자를 계속 연구하고 싶다는 여천 이연휴의 '황자범어문향로'

•• 여천 이연휴 '황자연화문촛대'(왼쪽)와 '청자투각주병'(오른쪽)

데 성공했다.

"청자는 조금 차갑지만 황자는 따뜻한 느낌이 든다. 아직 낯설어 하는 사람들도 있지만 좋아해주는 분들도 있다. 계속 연구를 해서 후손들에게 백자나 청자처럼 이 시대에 맞는 도자기를 물려주고 싶다. 그게 내게 앞으로 남겨진 역할이라고 생각한다."

남양 이향구

남양南陽 이향구李向九, 1953~는 이천 명장 중에서 좀 차별화되는 경력을 갖고 있다. 명장 대다수가 1세대 지순탁과 유근형 혹은 3대 물레대장 밑에서 일을 배웠는데, 이향구는 그런 '사사 경력'이 없다.

이런 경력의 독특함은 그가 1969년 중학교를 졸업하자마자 '사기장 기술을 배워 평생 먹고살겠다'는 일념으로 도자기 물레를 배우기 시작한 데서 비롯된다. 당시 그의 고향 삼천포에서 유일하게 돈을 벌 수 있는 곳이 도자기

해맑은 웃음이 매력적인 남양 이향구

공방이었기에, 6남매의 막내였던 이
향구는 망설임 없이 공방에 들어갔
다. 아직 고등학교를 들어가지도 않은
까까머리 소년의 실력에 대한 소문이
어떻게 서울에까지 들렸는지, 3년 후
에는 서울 구로공단가리봉동의 도자기
완구공장에서 그를 스카우트해 상경
하게 됐다.

남양 이향구 '삼중투각십자문병'

> "그때 서울 공장에서 월급으로 1만 원을 준다고 하면서, 차비를 하라고
> 5천 원을 보내줬다. 그렇게 해서 '그레이하운드 고속버스'를 타고 처음
> 으로 서울에 올라갔다."

이렇게 서울에서 기술을 더 익히고 돈을 벌던 소년 이향구는 군대를 제
대하고 여주로 내려가 응봉요업과 삼우요업이라는 공장에서 일을 했다. 이
향구는 여주 공장에 취직하면서부터 투각 백자를 만들기 시작했다. 예나
지금이나 투각 기법은 까다롭고 어렵지만 손재주가 좋았던 그는 투각 도자
기를 만들면서 그 능력을 인정받기 시작했다. 당시 그의 월급이 27만 원 정
도였다.

> "여주 공장에서 근무할 때 한번은 해강유근형의 공방에 견학을 간 적이
> 있었다. 조각을 비롯해 모든 공정이 수공예로 이뤄지는 것을 보고 큰
> 인상을 받았다. 여주와는 아무래도 차이가 있었기에, 언젠가는 이천에

남양갤러리에 전시되어 있는 도자기들

와서 더 기능을 닦아야겠다고 생각했다. 그런데 마침 서울 동대문시장에서 크게 장사를 하던 이춘규_{조선의 마지막 사기장이었던 인간문화재 해림 이임준의 아들이자 2대 해림}가 이천에 와서 '해림요'를 새로 차리면서 스카우트 요청을 해왔다. 35만 원을 줄 테니 오라는 것이었다. 당시 내가 받던 월급보다 8만 원이나 많은 큰돈이었고, 평소 바라던 이천에서 새로운 생활을 시작하는 것이어서 아무런 주저 없이 오게 됐다."

그렇게 해서 이향구는 해림요에서 1980년 여름부터 1987년까지 약 7년여를 성형실장으로 근무하고, 1987년에 남양도예를 설립해 독립한다. 이렇게 독립해 자신의 가마를 짓기 전까지의 이향구는 스카우트의 연속이었고, 이미 기초는 삼천포 시절에 닦은 것이어서 특정인에게 사사를 받을 이유가

남양 이향구 '백자달항아리'

없었던 것이다.

> "그때만 해도 명장이 될 줄은 꿈에도 몰랐다. 그냥 도자기 기술을 더 빨
> 리 잘 익혀서 좋아하는 작품을 만들고 싶다는 생각뿐이었다."

2005년 성형으로 이천시 명장이 되고 나서 이향구는 2013년 미국도예박
물관AMOCA; America museum of Ceramic Art, 2016년 캐나다 토론토, 2017년 멕시코 산
크리스토발, 2018년 밴쿠버, 2018년 프랑스 파리 루브르박물관 초대전에 연
속 참여했다. 이곳 특별 전시장에서 수많은 관객 앞에서 직접 물레 솜씨를
보여주며 물레대장의 기량을 뽐냈다. 이런 경험은 그가 일본에서 가졌던 개
인전이나 초대전과는 당연히 다른 느낌을 주었다.

남양 이향구 '백자천불상항아리'.
부처를 하나씩 성형해서 넣은 부분에서
그의 치밀한 기량이 엿보인다.

"우리 도자기를 잘 모르는 외국에 뚜렷한 발자취를 남겼다는 점에서 참 감격스러웠고, 도자기를 하길 참 잘했다는 생각이 절로 들었다. 그때 만난 동서양의 도예인들이 한결같이 자신들은 결코 할 수 없는 독창적 작품들이라면서 많은 관심을 보였다. 최근 보니 그들 제품에도 우리 투각이나 인화문 등을 활용한 것들이 보이기 시작한다. 아마 우리 작업을 보고 새롭게 눈뜬 것이라 생각한다. 앞으로도 이천시 명장들이 한 번이라도 더 외국 초대전에 초청을 받아 나가서 이천 도자기도 알리고, 새로운 영감을 받아 올 수 있도록 힘쓰고 싶다."

명장으로서의 그의 사명감은 어떠할까?

"명장이 되기 전까지는 기술을 누구에게 알려주지 않았다. 그런데 명장이 된 후 명장으로서 할 일이 무엇인지 고민하고 깨달았다. 내 기술을 배우고자 하는 사람들에게 전해주는 게 내게 주어진 의무이자 업이라는 생각이 들었다. 나라가 나를 명장으로 뽑아준 이유도 거기 있을 거라고 본다. 그때부터 새로운 꿈이 생겼다. 남은 인생은 내가 평생 쌓은 기술을 보다 많은 사람들에게 나누어 주는 데 쓰고 싶다."

다행스럽게 홍대 미대에서 서양화를 전공한 그의 맏딸 이원정과 역시 중학교 때부터 도자 일을 배워온 막내아들 이상현도 그를 도와 도자 작업을 하고 있다. 이향구 역시 자식들이 자신의 일을 이어간다는 사실에 대한 자부심이 크다.

보광 조세연

조각으로 2009년 이천시 명장으로 선정된 보광普光 조세연趙世衍, 1954~의 손길
은 누군가 말을 걸어도 멈춤이 없을 정도로 유려하기 그지없다. 서울공업고
등학교 요업과를 졸업하고 이천으로 온 그는 방철주가 설립한 동국요에서
일하면서 도예에 입문했다. 요업과를 선택한 것은 성격과 적성에 잘 어울린
다는 주변 분들의 권유가 있었기 때문이다. 그렇게 도예의 길로 들어선 그는
평생 도자기를 빚고 살아도 아쉬울 것 없다는 근엄한 의지로 지금의 조세연
을 만들었다. 뚝심으로 버틴 세월일 수도 있다.

도자계에 입문하는 데 집안 사람들의 도움은 전혀 없었다. 도자기와는
아무 상관도 없는 집안이라서 약간의 반대는 있었다. 흔히 '점놈'이라고 아래
로 쳐다봤기 때문이다. 하지만 그는 자신에게 잘 맞는 일이었다고 회상한다.
동국요에서 조각실장 겸 책임자로 활동하다 보광요를 설립하면서 독립했
다. 그 사이 한국 전승공예대전에서 3회 입선하고1994, 1995, 1999, 3회 장려상1996,
1997, 1998을 받았다. 1999년 서울 잠실 롯데화랑에서 초대전을 열 정도로 열정

조각하고 있는 보광 조세연

• 보광 조세연 '청자양각용문대명'　　•• 보광 조세연 '청자양각연화부용문매병'
••• 보광 조세연 '요변천목다완(曜変天目茶碗)'

적으로 도자기를 빚은 사기장이다.

아직도 활발하게 활동하고 있는 보광 조세연은 이렇게 말한다.

"자유롭고 싶다, 자유롭게 도자기를 빚고 싶다, 자유롭게 도자기를 보
여주고 싶다.그리고 결과에 만족하며 희열을 느끼기 위해 나는 오늘도
만들고 고대한다."

도성 김영수

1978년 이천에 놀러왔다 이천 도자기 매력에 푹 빠진 도성道成 김영수金榮洙,
1958~는 그대로 도예의 길로 들어섰다. 과감한 선택이었다. 어렵고 험한 길인
줄 몰랐을까? 아니 알았더라도 그 매력에 빠져나올 수 없었는지도 모른다.
그 선택은 쉽게 할 수 있는 것이 아니다. 다른 사기장들도 마찬가지일 테다.

도자기에 대한 희망을 버리지 않는 도성 김영수

● 도성 김영수 '청자국화문투각매병'(왼쪽)과 '청자국화문투각주병'(오른쪽)
●● 도성 김영수 '백자국화문투각대명'

세창도예연구소에서 김세용 명장에게 사사를 받으며 24년 동안 일하다가 2000년 도성청자연구소를 설립하면서 도자기 제작에 필요한 모든 도구와 청자유를 직접 개발했다. 2005년 찻사발공모전 특선, 동아국제도예대전과 제7회 한국사발공모전2006, 대한민국 현대도예공모전, 온고을 전통공예대전2007, 2008년 온고을 전통공예대전 특선, 대한민국 전승공예대전, 전국 차도구공모대전 장려상, 경기도 우수관광기념품공모전에서 대상을 거쳐 2010년 전국 전통공예대전에서 은상을 받았다.

그 결과 2014년 성형으로 이천시 명장이 되었다. 물론 중도에 도자기를 그만두고 싶었던 적도 있었지만 실지로 떠난 적은 없었다고 한다. 워낙 도자기를 빚는 것이 어렵기 때문에 그저 도피하고 싶은 마음이었던 것이다.

김영수는 여전히 도자의 새로운 영역을 개척하기 위해 계속 노력하고 있다. 그리고 도자기에도 이야기가 필요하다고 생각한다. 도자기를 감상하는 것에서 그치지 않은 새로운 이야기를 떠올릴 수 있도록 무언가를 만들어야 한다고 피력한다. 그의 아들과 며느리는 도예과 출신으로 도자기를 빚고 있으니 자연스럽게 2대 도성의 활약도 기대해본다. 김영수는 현재 도자기 불황도 이겨낼 수 있을 것이라고 믿는다. 도자기가 어느 부류만의 애장품이 아니라 한국의 미의식이 담긴 가치로서 모든 사람이 쉽게 마주하고 사용할 수 있는 자기로 인식되기를 는 바라는 마음이 크기 때문이다.

어쩌면 그는 뼛속 깊이 흙을 빚는 사기장이고 싶지만 그것으론 그가 원하는 가치를 실현할 수 없기에 사업가의 기질을 최대한 발휘해보려고 노력하는 듯하다. 가마에서 도자기를 꺼내면 보지도 않고 바로 사가는 시절은 끝났다. 어쩌면 다시 오지 않을 호시절일 것이다.

그렇다면 이제와는 다른 발상이 필요할 때다. 도성 김영수를 만났을 때 그는 활기에 가득 차 보였다. 도자기가 팔리지 않는다고 경기 탓을 하면서 주눅들지 말고 더 힘차게 활동하면서 사람들의 시선을 도자기로 향하도록 만들면 되지 않겠느냐고 반문할 정도로 정열적이었다. 그의 행로는 그의 정열만큼 다부져 보였다. 그의 도자기에 대한 열망은 사그러지지 않을 정도로 강하다.

> "나는 평생 도자기를 빚을 것이다. 그리고 그것에 대한 기대를 버리고
> 싶지 않다. 도자기는 훗날에도 계속 존재해야 할 기물이다."

백산 권영배

백산帛山 권영배權英培, 1957~는 이천 명장 가운데서도 매우 독특한 위치다. 이천 명장의 대다수는 주특기가 물레성형 아니면 조각이다. 그런데 권영배는 출발이 화가다. 전문적으로 도자기에 그림을 그리는 화사畵士[04]가 거의 없는 우리 실정에서 아주 드문 경우다.

권영배는 고향이 전주다. 전주 완산고등학교 재학 시절 미술부 활동을 하던 그는 졸업 후 1977년 3월에 친구 몇 명과 함께 그림 전시회를 열었다. 그런데 이게 무슨 운명의 장난인지, 이천 도원요의 지당 박부원이 우연히 전주에 왔다가 그들의 단체전을 보게 되었다. 박부원의 눈을 사로잡은 것은 바로 권영배의 매화 그림이었다. 그길로 박부원은 권영배를 찾아 자신의 도자기에 그림을 그려달라고 부탁했다.

처음의 부탁은 이천에 와서 일주일 동안 몇 점에만 그림을 그려달라는 것

---

04   주로 '화공(畵工)'이라 부르지만, 이는 일본식 단어이므로 '화사(畵士)'로 쓰겠다.

화가에서 시작해 이천시 도자기 명장이 된 백산 권영배

이었다. 권영배 역시 잠시 여행을 가는 기분으로 홀가분하게 이천에 왔다. 도
자기를 해보겠다는 마음은 애초에 있지도 않았다. 그런데 그 초행길이 그로
하여금 지금까지 이천에 머물게 하는 '속박'이 되었다.

> "그때 이천에 와보니 이천은 그야말로 화가의 무주공산이었다. 아무
> 나 붓만 잡으면 화가라고 하는 형국이었다. 혈기 왕성한 젊은 나이였
> 던 나는 여기서는 힘 좀 써보겠구나 하는 생각이 들었다."

그렇게 그의 도자 수업, 도자기 인생이 시작되었다. 그는 도원요에서 8년
동안을 일했다.

> "지당은 분청과 백자를 주로 만들었다. 그런데 언젠가 오로지 백자만을
> 전문적으로 만드는 장인에게 가르침을 받아야겠다는 생각이 들었다."

1984년 6월 그는 도원요에서 나와 현암 현무남 밑에서 백자를 집중적으로 사사받았다. 그렇게 또 7년을 더 수련하고, 1991년에는 향림재활원 도자기 재활교사로 들어가 2년을 봉직하고 마침내 1994년 백산도요를 설립했다.

이렇게 자신만의 작품을 만들기까지는 오랜 세월이 걸렸지만 그 덕택인지 그의 수상 경력은 매우 화려하다. 1996년 전승공예대전을 비롯해 대한민국도예대전[1997], 온고을 전통공예대전[1998], 엑스포국제공모전[2001, 2003], 전승공예대전[2003], 디자인공모전[2007], 공예품대전[2008], 인천 현대공예대전[2010], 목포 도자기전국공모전[2011], 김해 분청전국대전[2013] 등의 내로라하는 각종 전시회에서 수상의 영예를 안았다. 이런 수상 경력을 보면 2012년 이천시의 13번째 도자기 명장으로 선정된 것도 당연한 결과다.

스승을 바꿔가면서까지 백자에 매달렸던 그의 집념은 최근 그 진가를 인정받았다. 서울미술관은 2010년 조선 말기 흥선대원군 이하응의 별장으로 사용됐던 '석파정石坡亭 문화재 복원사업'을 시작으로 2012년에 서울미술관 본관 M1을 설립하고 2019년에 신관 M2를 개관했는데, 신관 개관 전시회인 '거인^{巨人}; Walking Man'전에 국내 최고의 대형 회화 작품과 함께 권영배의 대형 달항아리 6점이 전시된 것이다.

이 전시회에는 한국 모더니즘 미술의 선구자라고 불리는 김환기의 최고 걸작으로 한국 회화사의 기념비적 작품으로 평가받는 '십만 개의 점 04-VI-73 #316[1973]'이 개관 이래 처음으로 공개되어 주목을 받았는데, 그의 그림과 나란히 권영배 달항아리가 전시되는 영예를 갖게 된 것이다.

특히 이 전시회는 2018년 10월 16일 시작되었는데, 전시품에 대한 관람객들의 호응이 높아 미술관의 요구로 2019년 4월 13일까지 기간이 연장되었다. 무려 반 년 동안 전시회가 지속된 것으로, 매우 드문 경우라 할 수 있다.

백산 권영배 '겨울나무지통'

화사 출신 명장으로서 그가 생각하는 도자기 그림이란 무엇일까?

"그림이 여백이나 구도 등을 모두 고려해야 한다면, 도자기 그림은 오로지 기물과 어울리는지에 대한 여부가 핵심이다. 작품을 살리는 그림이어야지 그림이 돋보이는 도자기가 되어선 안 되기 때문이다. 따라서 도자기 그림은 주제를 간결하게 표현해낼 줄 알아야 한다. 그런데 계속 똑같은 모양의 기물에는 그림 역시 한계가 있을 수밖에 없다. 그래서 기물 디자인을 바꾸려 하면 물레를 만지는 성형사와 마찰을 빚게 된다. 그들에겐 새로운 시도를 두려워하는 마음이 있어서, 그림을 그릴 소재가 넘쳐나는데도 이를 담을 기물이 없다. 솔직히 외톨이가 된 것

같은 기분이 드는 것도 사실이다."

그의 생각은 미래를 대비한 도자기 연구에 대한 자성으로도 이어진다.

"지금 다들 도자산업이 어렵다고 얘기한다. 그런데 어려운 때를 대비
해서 평소 준비를 해왔나 반문하고 싶다. 아무런 연구도 하지 않고 경
기 좋을 때는 손 놓고 있다가 어려움이 닥치자 한숨만 내쉬면 무슨 소
용이 있나."

권영배의 작업은 2014년 유네스코와 세계공예협회World Crafts Council가 공
동 주관한 '우수 수공예품 인증 프로그램'에서 인증서를 획득하는 성과로
이어지기도 했다.

"인증서 획득은 이천시가 '유네스코 창의 도시'로 지정된 이후 다시 한
번 이천시 공예문화의 우수성을 전 세계에 알리는 계기가 됐다. 이천
지역 도예와 공예작가 중 세 작품만이 인증서를 획득했다. 내가 제출
한 수상작은 '분청잠자리문화병'이었는데, 이를 출품한 이유가 있다.
도자 그림으로 그동안 사용하지 않았던, 가장 한국적인 가을 풍경을
묘사하고 싶었다. 습식 공법으로 인화문을 찍고 양각 잠자리 조각을
한 후 상감을 바른 뒤 마감했다."

요즘 그의 새로운 실험은 뜻밖에도 청자다.

- 　백산 권영배 '분청보리문대호'
- •• 백산 권영배 '분청사기인화문호박형호'

"그동안 백자를 하면서 청자는 쳐다보지 않았는데, 요즘 몇 가지 실험을 하면서 새로운 청자의 매력을 발견했다. 청자 유약이 매우 맑아서 기존 청자 기법을 회화 기법으로 바꿔보고 있는 중이다. 솔직히 그동안 청자는 12세기 인화문이나 운학매병에 여전히 치우쳐 있었다. 그런데 청자에 아파트 그림이 들어가면 왜 안 되나? 청자의 맛을 잃어버릴 수 있다는 우려는 충분히 공감할 수 있지만 그렇다고 새로운 청자를 만들지 않을 이유는 없다. 흑상감과 백상감의 조화로 새 청자를 만들고 있다."

앞으로의 그의 작품에 기대를 갖게 하는 말이다. 도자기에 대한 그의 총론적인 생각은 이렇다.

"도자기는 가슴으로 다가가면 '생명生命의 도자', 눈으로 바라보면 '기품氣品의 도자'이고, 영혼으로 품어보면 '은혜恩惠의 도자'다."

녹원 유용철

녹원綠園 유용철柳鏞哲, 1958~은 이천 장인 1세대인 김완배의 외손주다. 즉 유용철의 아버지 서창瑞昌 유창곤柳昌坤, 1935~2012이 김완배의 사위다. 그러니 같은 이천시 명장인 김종호가 외삼촌이고, 김종호의 누이 김종순이 유용철의 어머니다.

유용철에 따르면 외할버지 김완배는 큰외삼촌 김종원작고에게는 성형을, 작은외삼촌 김종호에게는 조각을, 사위 유창곤에게는 제형을 가르쳤다. 초

녹원 유용철

반의 장기는 이렇게 달랐어도 나중에는 결국 작업 전체를 아우르는 큰 물줄기에서 만나게 되어 두 명장이 자라났다.

유용철의 선친 유창곤은 원래 충남 서산 운산면에서 요강을 만들었다. 그러다가 유용철이 초등학교 3~4학년 무렵 충북 괴산으로 이주해 칠기가마를 운영했는데, 70년대 들어와 플라스틱 제품이 양산되면서 칠기 수요가 급감하게 되자, 다시 인천 주안에 있던 현대자기 공장 중앙도자기에 취직을 했다.

이후 유창곤은 경기도 송추에 있는 신상호의 도방요에 공장장으로 들어가 15년 동안 일한다. 당시 신상호의 송추 공장은 직원이 80~90명쯤 되는 매우 큰 규모였다고 한다. 유용철은 인천에서 인천문학초등학교, 인하사대부속중학교, 정석항공과학고등학교 전기과를 다녔고, 졸업도 하기 전인 1976년 3학년 때 대한항공 정비사로 입사를 했다. 그런데 그의 마음에 바람이 들기 시작했다. 머릿속에 늘 아른거리는 것은 다름 아닌 도자기였다.

"어릴 적 늘 가마에서 뛰어놀며 흙과 함께 살았기 때문에 마음속에는 늘 흙을 만지고 싶다는 생각이 있었던 듯하다. 아버지는 아들이 수입이 일정하지 않은 사기장에 관심을 가질까 봐 가마 곁에는 얼씬도 못하게 말렸지만 내 생각은 달랐다. 또 수입을 보더라도 당시 대장 월급이

녹원갤러리에 전시되어 있는 도자기들

보통 30~40만 원쯤 했는데, 이는 대한항공 부장 월급 수준이었다. 나는 그때 보조정비사로 23만 원쯤 받고 있었는데, 부장이 되려면 10년 이상을 기다려야 하지만 도자기에서는 그렇게 시간이 걸리지 않을 거란 자신이 있었다."

그래서 그는 회사일에 집중하지 못하고, 군대를 다녀오자마자 5년 만에 퇴사를 했다. 당시 나이 24살. 아버지에겐 선전포고나 다름없었다. 아버지에게 된통 혼이 나고 집에서도 쫓겨났지만, 자식 이기는 부모 없다고 극구 만류하던 아버지도 결국 두 손을 들 수밖에 없었다.

그렇게 해서 유창곤은 신상호의 도방요에서 나와 아들과 함께 의정부에서 '서창도예연구소'를 만들었다. 유창곤은 도방요에서 처음 청자를 만들었지만 나중에 분청의 인기가 좋아 분청을 주로 작업했던지라 아들에게 분청

녹원 유용철 '분청국화인화문호'

을 집중적으로 가르쳤다.

> "그렇게 처음 인화문印花紋, 꽃 모양으로 도장을 찍는 기법을 배우기 시작했다. 분
> 청 표면에 꽃 모양 도장을 찍는 작업만 10년을 했다."

지금은 눈 감고도 찍을 수 있는 경지가 되었지만 일정한 깊이로 찍는 숙련 기술에 달하기 위해서는 고되고 오랜 수행이 필요했다.

> "인화문을 하는 데 보통 5개 종류 도장을 3,000~4,000번 정도 새긴다.
> 그중에 하나라도 힘 조절을 잘못해서 깊이 들어가거나 찌그러지면 가
> 차없이 깨버리는 수밖에 없다. 수정을 할 수도 있지만 자신이 스스로
> 만족하지 못하는 작품은 만들 수 없다. 모든 도예가가 다 마찬가지일
> 거다."

다행히 인화문은 차분하고 세심한 유용철의 성격과도 맞았다. 그래서 유용철의 작품에는 같은 분청이라고 해도 귀얄이나 덤벙 기법에 의한 작품이 없다. 유용철은 마흔 살이 되던 1998년 무렵 아버지로부터 독립해 이천으로 내려왔다. 전통을 고집하는 아버지와 편하고 새로운 방법을 택하려는 그 사이에 갈등이 생기고, 이런저런 불만이 쌓였기 때문이다.

그렇게 이천에서 지금의 녹원요를 만들었는데, 이천에 오니 인화문이 아닌 다른 기술을 사용한 매혹적인 도자기들이 그의 눈앞에 펼쳐졌다. 그러나 아버지에게 분청만을 배웠던지라 다른 종류의 도자기를 만들 수 없었다. 그래서 2003년 46세라는 늦은 나이에 다시 명지대 산업대학원에 입학을 해서

- 녹원 유용철 '분청박지모란문편병'
- •• 녹원 유용철 '분청인화문오리과반'

조금 더 체계적인 공부와 연구를 했다. 졸업 논문으로는 「망뎅이 가마와 내화벽돌 장작가마의 열효율에 대한 비교분석」을 발표했다.

분청은 투박하고 서민적인 도자기다. 백자의 엄격함 틈새에서 불같이 일어나 서민들의 생활에 자리잡았기에, 정이 더 간다. 유용철은 그렇게 지난 40여 년간 서민들의 삶을 닮은 분청 위에 꽃을 피워냈다.

2016년 드디어 이천시 명장이 되었지만, 가장 크게 기뻐했을 아버지는 돌아가시고 없었다. 상을 받아도 "이런 작품으로 어떻게 상을 받았냐"고 질책하던 아버지였지만 그 나무람이 사실은 너무나 큰 기쁨의 다른 표현이란 걸 알기에 너무 아쉽기만 하다.

현재 유용철은 명지대 대학원 세라믹아트공학과에 출강을 하면서 이론과 실기를 겸비한 명장으로 거듭나고 있다. 최근의 주 관심사는 인화문이나 천목, 크리스털 결정 같은 유약 작업을 생활자기에 접목시키는 방안이다. 워낙 많은 공력과 노력이 들어가기에 인화문 그릇이 낮은 가격으로 대중화되기는 어렵지만 그라면 그 사이에서 적절한 해답을 찾지 않을까 하는 기대감이 든다.

다정 김용섭

다정茶鼎 김용섭金湧燮, 1959~은 경북 예천 출신이다. 가진 곳이 없는 빈농에서 태어나서인지 먹고사는 데 문제없을 것 같은 공무원을 꿈꿨지만 여건이 맞지 않았다. 제대한 후 어느 날 무엇을 하며 먹고살까 하는 마음에 이곳저곳을 기웃거리다가 숙식 제공에 도자기를 가르쳐준다는 신문 기사를 보게 되었다. 그에게 도자기는 그저 상상 속의 산물로만 비쳤지만 그것을 잡고자 무조건 지원했는데 운 좋게 뽑혔다. 전국에서 60명을 뽑는데 서울에서만 100명이

다정도요에서 생산한 작품은 김용섭의 손을 거쳐야만 빛을 볼 수 있다.

몰릴 정도로 높은 경쟁률이었다. 직업훈련소에서 6개월 동안 도자기를 배우면 도자기공장에 취업하는 수순을 밟았다. 하지만 김용섭은 전통 도자기를 만들고 싶었다. 그래서 무조건 여주와 이천으로 내려왔다. 아는 데가 있을 리만무해 굴뚝만 있으면 찾아가 일 좀 시켜달라고 머리를 조아렸다.

그렇게 입사한 곳이 방철주의 동국요였다. 그곳에서 22년 동안 일했다. 신입에게 물레를 돌리라고 맡기는 요장은 없다. 온갖 허드렛일만 하다가 서서히 단계를 밟고 올라가야 하는데 김용섭은 물레를 돌리고 싶었다. 그래서 방철주에게 부탁해 남들이 다 퇴근한 후 혼자 연습을 했다. 끝나면 흔적 없이 원상복구를 해놨다. 그렇게 1년쯤을 보내니 어느 순간 느낌이 왔다. 그렇게 김용섭은 도예의 길로 들어섰다.

동국요에서 일 년 정도 일하니 꼬막을 밀어주는 일이 주 업무가 되었다. 당시 동국요에선 흙 만들어주는 사람, 꼬막 밀어주는 사람, 물레대장, 옹기 만드는 독대장이 주요 역할을 했는데 어느 순간 한 분씩 그만두기 시작하더니

다정 김용섭의 도자기 소품들

• 　다정 김용섭 '연리문호'

•• 　다정 김용섭 '청자박지모란문호'

어느 새 혼자 모든 일을 다 해야 하는 책임자가 되었다. 그곳에서 2005년까지 일하다 2006년 다정도요를 설립하면서 독립했다.

다정 김용섭은 기계에 의지하지 않고 오로지 모든 도자기를 손으로 빚는다. 그래서 대량생산을 하지 못하지만 다정도요에서 생산한 모든 도자기는 그의 손을 거쳐야 빛을 볼 수 있다. 보통 도자기 합의 아귀가 잘 맞기 힘든데 김용섭이 만든 합은 딱 알맞은 정도로 잘 맞는다. 도자기 인생 30여 년이 넘었지만 한 번도 도자기를 빚으면서 싫증이 난 적이 없다고 한다.

2005년 온고을 공예대전을 시작으로 2007년 강원 기능경기대회 금상, 제21회 도자기축제 클레이 올림픽 장인상, 강진 청자공모전, 제 42회 전국 기능경기대회 우수상, 현대 공예대전, 온고을 전국공예대전, 2008년 대한민국 청자공모전, 광주 백자공모전, 대한민국 현대도예공모전, 2009년 경기도 지방기능경기대회 도자기 부분 1위를 차지하는 등 수많은 경력을 보유하고 있다.

물레에 앉아서 물레를 돌릴 때가 제일 행복하다는 그는, 백발이 될 때까지 도자기를 빚을 것 같다. 그는 말한다.

"어렵게 가더라도 정석대로 도자기를 빚고 싶다."

예송 유기정

이천에서 나고 자란 예송藝松 유기정柳基靖, 1959~은 자연스럽게 도자기를 빚게 되었다. 이천이 고향인지라 이천에서 유명하다던 요장은 두루 거쳤다. 도암 지순탁, 송월 김종호 등 도자계에 거성 같았던 분들 밑에서 기술을 배웠다.

가정형편이 너무 어려워 고등학교 진학을 포기했다. 스물이 되기 전 도예의 길로 들어섰지만 그것은 불가피한 선택이자 운명이었는지 모른다.

아스라한 향수를 불러일으키는 공방에서 작업하고 있는 예송 유기정

"가정형편이 너무 어려워 고등학교 진학을 포기했어요. 그때 얼마나
울었는지 몰라요. 사기장의 길은 불가피한 선택이었어요. 이제 와 생
각해보니 제 운명 같아요."[05]

1975년 지순탁의 고려도요로 들어가 요장의 허드렛일부터 시작했고
4년 차에 물레를 잡고 조선백자 성형을 완성했다. 송월 김종호 문하로 들어
가 2년간 청자를 배우고 군 입대를 했다. 1983년 제대하고 지금은 고인이 된
항산 임항택의 문하로 들어가 12년동안 분청사기와 백자를 사사했다. 그리
고 1995년 자신의 아호를 따 '예송요'를 걸고 독립했다.

"말이 독립이지, 독립의 길은 갓난아기가 엄마 젖을 뗀 이후 이유식 과

05 「경기신문」 2010년 11월 9일자

예송 유기정의 '분청사기화문호'(위)와 '분청사기무궁화문대반'(아래)

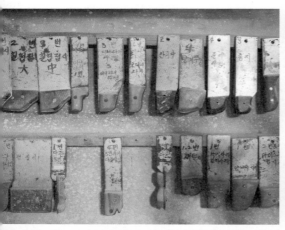

예송요의 정경들

정이지요. 이 홀로 선 사기장의 길은 사느냐 죽느냐의 기로에 서는 거예요. 선생님의 예술 기법을 따라할 수도 없고요. 오로지 나만의 독특한 창안과 예술 기법으로 새로운 것을 만들어 하는 것이지요. 뼈를 깎는 아픔이 이때부터 다시 시작돼요."[06]

1996년에 독립해 예송요를 설립한 유기정은 한 번도 도자기를 버리고 다른 길을 가고자 하는 마음이 없었다. 이천이 고향이었다고 하지만 힘들었던 적이 왜 없었을까 싶지만 그는 오로지 도자기를 빚고 싶었다. 그 결과 여러 대회에서 상을 받았다. 1991년 전국기능경기대회 도자기 공예 부분 1위를 시작으로, 동아공예대전 동아공예상[1998], 여주도자기박람회 세종도예공모전 우수상[1999], 전승공예대전 장려상[2001], 강진 청자공모전 대상[2002], 경기도 우수관광기념품 공모전[2002], 전국공예품대전 중소기업협동조합중앙회 회장상[2003]년, 청주 공예문화상품대전 특별상[2004], 이천 도자공모전 동상[2008]년 등의 수상을 통해 그의 저력을 보여주기도 했다.

유기정의 공방은 아련한 향수를 일으키는 곳이기도 하다. 하나하나의 정경들이 여전히 도자기에 혼을 뺏겨 있는 사기장의 흔적들이다. 유기정의 아내 또한 도자기 조각사로 활동하며 남편 작품에 많은 영향을 미쳤다. 2010년 이천시 명장이 되었지만 그 이면엔 아내의 공로도 숨어 있다.

그는 「경기신문」 인터뷰 때 이렇게 말했다. 그의 도자기 인생철학을 엿볼 수 있다.

06 「경기신문」 2010년 11월 9일자

"아직 갈 길이 멉니다. 도자는 혼魂과 공功의 예술이에요. 조금이라도 정성이 덜하면 작품이 나오지 않아요. 모든 것을 신과 자연에게 맡기고 그저 결과를 조용히 기다리는 것이 사기장의 진정한 자세입니다. 앞으로의 소망도 오직 일념으로 도자를 만드는 거예요. 특히 분청사기에 각별한 애정을 갖고 있어요. 사기장의 길은 끝이 없어요. 죽는 순간까지 전통과 혼을 잇고 우리 도자가 어엿한 문화콘텐츠로 주목받을 수 있도록 노력할 거예요."

로원 권태영

도자기를 빚는 사기장들은 도자기를 빚는 순간 이 일이 천직이라고 여긴다고 한다. 로원蘆園 권태영權泰榮, 1959~은 20대 중반에 그것을 느꼈다고 한다. 물론 다른 일을 시작할 수도 있었지만 도자기를 빚는 순간 평생 가겠구나, 하는 생각이 들었다고 한다. 이천 신둔면 남정리 도자기마을에서 나고 자라면서 자연스럽게 도자기를 보고 자란 탓이 아닐까.

후배를 양성하는 일에도 열심인 로원 권태영

유난히 흙을 좋아하면서 흙과 친해졌고 먹고살기 위해 흙을 이용한 도예의 길로 들어섰다지만 젊음을 받치며 나름대로 자신만의 독특한 작품을 예술로 승화시키기 위해선 남모를 고생이 숨어 있었을 것이다.

로원 권태영의 청자들

로원 권태영 '청자운학문호'(위)와 '청자투각칠보문병'(아래)

하지만 그는 이천에서만 사기장으로 일한 것이 아니다. 여러 곳을 돌아다니다 이천에 정착한 것이 1980년대였다. 1980년에 토정 홍재표에게 물레 수업을 사사했고, 형태와 선에 대해선 국민대학교 김익영 교수 지도 아래 기술을 익혔다. 유약은 명지대 산업대학원 도자기기술학과를 수료하면서 많은 것을 깨우쳤다.

당시 이천 도자기에 대한 일본인들의 관심이 높아 사기장들은 수월하게 돈을 벌 수 있었다. 다만 아쉬운 것은 그가 이천에서 로원요를 설립할 땐 도자기 수요의 내리막길이었다는 것이다. 그럼에도 그는 도자기를 버리지 않았다. 오히려 이를 악물고 더 매달렸다. 2009년 클레이올림픽을 시작으로 대한민국 녹청자현대도예공모전, 전주 전통공예전국대전, 2010년 전주 전통공예전국대전 특선, 2011년 목포 도자기전국공모전 특선, 2012년 전주 전통공예전국대전 특선, 2013년 목포 도자기전국대전, 2014년 대한민국 현대미술대전 대상, 대한민국 현대미술대전 특별상, 대한민국 도예공모전 녹청자 부문 금상, 2015년 경기도 기능경기대회 은메달, 대한민국 청자공모전 등 다수의 대회에서 수상의 영예를 안았다. 그 결과 권태영은 2016년 청자로 이천시 명장이 되었다.

이천시 명장이 되었을 때 말로는 표현할 수 없었지만 '내가 살아온 길이 헛되지 않았구나' 하는 안도감과 함께 성취감이 들었다고 한다. 한때 한줄기의 빛도 비치지 않을 것만 같았던 길에 오로지 자신만의 노력과 기량으로 그 능력을 인정받았으니 그 벅찬 기쁨은 감히 설명하기 어려웠을 테다.

10여 년 전 어느 한 사람이 그의 공방에 들어서면서 전시 중인 도자기 한 점을 가리키면서 10점을 주문한 적이 있었다고 한다. 6개월 동안 심혈을 기울여 작업한 뒤 납품했다. 뒤늦게 알아봤더니 그의 작품들은 미국 카터 대통령 외 유명인사들에게 선물로 보내진 것이었다. 이를 계기로 연세중앙교회 윤석전 목사와의 인연으로 이명박 전 대통령 재임 시절 청자를 납품하고 박근혜 전 대통령 취임을 겸해 선물용으로 3점을 완성해 2점이 전달되었다. 앞으로도 로원 권태영은 자신만의 도자기 인생에서 최고가 되기 위해 노력하고 싶다는 뜻을 밝혔다.

> "예술은 요행이나 실험 대상이 절대 될 수 없는 하나의 작품으로, 작가의 정신과 혼이 살아 있어야 한다. 특히 도자기는 오묘한 흙과 불을 다루는 사기장의 혼이 어우러져 만들어내는 신비의 세계라는 점에서 우연히 얻어지는 것이 절대 아니다. 사기장의 피나는 노력과 예술성 감각과 정성을 다한 혼을 작품에 불어 넣을 때만이 흙과 불의 오묘한 조화와 함께 살아 숨 쉬는 진정한 도자기의 작품이 탄생한다는 신념으로 매사에 최선을 다한다."

원정 박래헌

회화를 전공한 원정垣亭 박래헌朴來憲, 1959~의 부친은 홍대 미대 교수이자 서양화가인 박석호1919~1994다. 그의 아버지는 자신이 그림을 그렸으니 아들도 그림을 그릴 거라고 생각했다. 하지만 아들은 도자기를 배우고 싶어했다. 그 뜻을 비쳤더니 아버지는 돈을 내고 도자기 기술을 배우라는 조언을 해주었다. 남의 기술을 배우려면 그에 대한 대가를 내야 한다는 게 지론이었던 것이다. 그림을 그리는 사람다운 발상이다. 그래서 부친과 친분이 있던 신상호의 부곡도방에서 도자기 만드는 방법을 배웠다. 그렇게 시작된 도자기 인생이다. 그리고 우연찮게 유용철 아버지를 부곡도방에서 만나기도 했다. 영등

원정 박래헌과 산수문벽화(이천도자기조합 내)

포 가마에서 일하던 유창곤을 신상호가 스카우트한 것이다. 인연은 이렇게도 얽히고설킨다.

세종대학교 회화과를 졸업하고 바로 이천으로 온 박래헌은 이곳에서 자신만의 도자 조형미를 구축하려고 노력했다. 1994년 전국공예품경진대회 동상을 받으면서 도자계에 인정을 받기 시작하면서 1995년 전승공예대전 문화재관리국장상을 받았다.

그것에 만족하지 않고 바로 다음 해 전승공예대전 대통령상을 수상하는 기염을 토했다. 빠른 성장이었다. 도자계에 입문하고 어느 정도 물이 올랐을 때쯤 한 해에 4번 이상 작품을 출품했다. 그만큼 도자기에 대한 열정이 높았다는 증거다.

"당시 도자기 부문에는 눈에 띄는 디자인적인 요소가 없었다. 회화를 전

분청에 자신의 회화를 넣고 싶었던 박래헌의 도자기들. 곳곳에 생각했던 것을 제대로 표현해내지 못한 작품들이 있다.

공한 덕에 그런 부분에 집중할 수 있었다. 운도 많이 따랐다고 할 수 있다."

그 후에도 한국공예가협회 협회상 수상[1999], 세계도자비엔날레국제공모전 심사위원상[2003] 등을 수상하면서 유명세를 올렸다.

그는 주로 분청자기를 만든다. 분청은 표현의 자유가 있다. 그리고 자기만의 색깔을 넣을 수 있기 때문에 회화를 전공한 그에게 잘 맞는 분야기도 하다. 토속적인 감수성을 바탕으로 과감한 디자인을 할 수 있는 것이다. 자신만의 아이덴티티를 표현하기 위해 분청자기는 꼭 맞는 도구가 되기도 한다. 그는 이렇게 말한다.

"나는 돈을 벌기 위해 도자기를 만드는 것이 아니다. 그저 내 만족을 위

•   원정 박래헌 '기다림'   ••   원정 박래헌 '분청사슴문푼주'

•••   원정 박래헌 '분청산수도'

해 도자기를 빚는다."

그 역시 다른 명장들 못지않게 물레 앞에 앉아 있으면 행복하다고 한다. 물론 그의 활동은 도자기에서만 한정하지 않는다. 도자기협회 사무실과 도자기 쇼핑몰, 여주검찰청에도 그의 벽화가 걸려 있다. 2016년 원정 박래헌은 디자인 분야에서 이천시 명장이 되었다. 앞으로 그의 활동은 멈춤이 없을 것이다. 다만 그는 동시대 사람들과 소통하기를 원한다. 그의 호인 원정은 '낮은 담장 안에 자리한 정자'라는 뜻이다. 개방적이지만 자기만의 고집을 버리지 않은 그가 선택한 호다.

"나는 자연스럽게, 물 흐르는 대로 따라가는 쪽이다. 그 길에서 내가 머물 수 있는 자리가 있으면 그게 내 자리라고 생각한다."

지강 김판기

지강之江 김판기金判基, 1960~는 이천 사람이 아니다. 전북 순창 출신이다. 하지만 그는 이천에서 자신만의 기량을 펼치며 도자기를 빚고 있다. 도자기를 빚기 전 대학교에서 회화를 전공하고 싶었던 김판기는 우연히 들른 한 박물관에서 본 청자에 매료되어 1983년 무작정 이천으로 왔다. 그래서 그런지 그의 도자기는 조형미가 보인다. 커피머신으로 라떼를 만들며 도자기를 빚는 사기장은 묘한 매력을 발산한다.

아무 연고도 없었기에 자신을 받아줄 곳이라면 어느 곳이라도 가서 장작을 패야 했다. 여러 곳을 거쳐 수광리 우당宇堂 한명성韓明成, 1세대 도예가에게 찾아가 허드렛일을 시작으로 5년간 흙 작업의 기본을 익혔다. 한 번은 그곳에

물레 앞에 앉으면 피곤이 싹 사라진다는 지강 김판기

서 분청사기를 2박 3일 동안 소성했는데 모두 호두만 한 꽈리가 생겨서 1점도 못 건지고 모두 폐기하는 광경을 보았다. 그 후 10여 년간 이천의 여러 요장을 다니며 청자 제작에 필요한 성형과 문양, 유약, 번조 기술을 익혔다.

1983년에 도예의 길로 들어섰고 1994년 지강도요를 개요했다. 모든 명장들이 그렇지만 그도 매일같이 장작을 패고 질을 밟고, 성형하고 불을 지피는 일에만 몰두했다. 반복된 실패와 모방의 과정을 겪으면서 차츰 자신만의 스타일을 찾아갈 수 있었다. 그리고 국내 유수의 도자공모전에 지속적으로 참가했다. 2009년 아름다운 우리도자전 동상, 2010년 빛고을 공예대전 금상, 2012년 광주 백자공모전 대상 등을 수상했다. 특히 동아공예대전에서 대상을 수상한 작품은 '청자과반'이었다. 이 작품은 '유약의 발색이 맑고 인물을 연속적으로 흑상감한 것이 매우 정교해 기물의 품위를 돋보이게 한 수작'이

지강도요에 전시되어 있는 김판기의 도자기들

지강 김판기 청자병(靑磁甁, 좌)과 즐문합(櫛文盒, 우)

지강 김판기 '빗살문' ∅58

라는 평을 받았다. 더욱 눈에 띄는 것은 2008년 세계유네스코 우수 수공예
품 지정 어워드로 선정된 것이다.

그는 화려한 수상 경력만큼 전시회에도 적극적으로 참가한다. 2011년 한
중 도자전, 2011년 대만 아시안 세라돈 모던전, 2014년 독일 슈투트가르트
한국도자전과 같은 해 중국 징더전에서 열린 한중 도자예술교류전에 참가
했다. 2005년 서울 가나아트센터에서 '색·선·조'로 제1회 개인전을 열면서 꾸
준하게 전시회를 가졌다. 2018년에는 일본 나라 현奈良県 나라마쓰갤러리에서
'김판기도자초대전-한국 현대 도자기의 매력'을 열기도 했다. 그것을 시작으
로 나라에서 2번, 고베에서 초대전을 했다.

지강 김판기의 스승은 옛 명물이다. 옛 것을 공부하고 연구하고 시도하면
서 지금 김판기의 작품들을 탄생시켰다. 지강의 청자는 형태와 색 그리고 문

지강 김판기 '백자호(白磁壺)' ⌀52

양에서 자연미가 적절하게 어우러져 있다. 그 결과 김판기는 2016년 청자 분야에서 이천시 도자기 명장이 되었다. 더불어 천여 년 전에 사용된 토기 장식 기법과 청자 유약을 접목한 빗살문 청자 작품을 탄생시켜 외국에서 주목을 받았다.

더불어 김판기는 제도권 내에서 인정받은 이천시 '명장' 타이틀이 모든 기능에서 절대적 우위를 차지한다고 볼 수 없다고 자신의 생각을 전한다. 왜냐하면 그것은 추천과 신청 절차를 거쳐서 주어지는 것이기 때문에 이런 과정을 생략하는 숨은 고수가 많다는 것도 빼놓지 않는다.

김판기는 도자계에 들어온 것을 숙명이라고 생각하면서 여전히 도자기 빚는 것이 재밌다고 한다. 피곤에 쩔면서도 물레를 돌리면 그 피곤이 싹 사라진다고 한다. 그는 이렇게 말한다.

"한국적 정체성이 가미된 작품을 만들고 싶다. 가장 한국적인 것이 곧 세계적인 것이고, 가장 한국다워야 세계에 내놓을 수 있다. 기능의 축적과 표현의 다양성으로 선조의 전통성을 잇고 그것의 정서와 미학이 배어 있는 작품으로 이어져야 미적 깊이와 질적 우수성이 높은 격조 있는 작품으로 탄생할 수 있다. 선조의 정신과 기능을 이어받아 이 시대의 전통을 염두에 두는 사명감을 가지고 우리 정체성이 가미된 가장 한국적인 것을 만들어야 세계에서 주목을 받을 수 있다. 가장 한국적인 것이 곧 세계적인 것임을 잊지 말아야 한다."

고산 이규탁

이규탁李圭卓, 1961~의 호 '고산高山'은 언뜻 보자면 오해를 사기 십상이다. 스스

고산 이규탁이 직접 새긴 고산요 팻말.
조선 사기장 팔산의 맥은 이곳에서 살아 숨쉬고 있다.

로 '높은 산'이라 칭하니, 오만해 보일 수도 있다. 그러나 그의 호 '고산'에는
엄청난 이야기가 숨어 있다. 이 역시 우리의 곡절 많고 슬픈 역사를 대변한다.

그의 호는 일본 규슈 지방 대표적인 도자 명가인 '다카토리 가마高取窯'의
'다카토리 팔산高取八山'에서 왔다. 즉 맨 앞의 '고' 자와 맨 뒤의 '산' 자를 하나
씩 떼어 붙여 만든 것이다. 그러면 이규탁과 다카토리 가마는 과연 무슨 인연
으로 얽혀 있는 것일까?

다카토리 가마는 정유재란 당시 왜군 제3선봉장인 구로다 나가마사黑田
長政, 1568~1623가 경남에서 끌고 간 팔산八山이란 인물에서 비롯했다. '팔산'은
원래 이름이 아니라 지명이다. 오늘날 경북 고령군高靈郡 운수면雲水面 팔산리
八山里에서 사기장을 끌고 갔으므로 지명을 따서 '팔산'이라는 이름으로 부르
게 된 것이다.

1600년 구로다 나가마사는 도자기를 만들고 있던 팔산과 그 아들을 데
려가 지쿠젠국筑前國, 현재의 후쿠오카 현 북서부에 해당에 있는 에이만지永滿寺, 지금의 노
가타直方 시 동쪽 다카토리 산鷹取山 기슭에 데려가 정착하게 했다. 이때 팔산

의 지위를 무사로 책봉하면서 50석의 녹봉과 함께 다카토리高取란 성을 주고 이름도 하치조八藏로 바꾸게 했는데, 다카토리高取 발음은 이들이 처음 정착한 산 이름과 같지만 고려인高麗人에서 '高' 자를, 응취산鷹取山에서 '取' 자를 따서 지은 것이라고 한다.

팔산 가문은 자신들 이름을 '하치조八藏'나 '팔산八山'의 일본식 발음인 '하치야마' 혹은 '야쓰야마'가 아니라 '팔산'이라는 한국 발음 그대로 고수해왔다. 이는 자신들의 뿌리와 정체성을 잊지 않기 위한 눈물겨운 투쟁이자 노력이었다.

팔산 가족은 아내와 아들 셋이 모두 일본으로 끌려온 매우 드문 경우다. 이 사연에는 매우 극적인 드라마가 있다. 정유재란이 일어나면서 팔산은 자신의 부인을 친정으로 피신을 보냈는데, 부인마저 장인과 함께 구마모토 성주에게 붙잡혀 온 것이다. 그 옛날에 어떻게 해서 부인이 끌려온 사실을 알수 있었는지 모르겠지만 하여튼 팔산은 자신의 기술을 총애한 구로다 나가마사에게 청원을 해서 부인과 감격적인 재회를 하고 살림을 합칠 수 있었다.

이처럼 팔산의 고향이 경남 고령군 운수면 팔산리라는 사실과 가족사를 정확하게 알 수 있는 것은 팔산 가족에게 대대로 가문서家文書인「다카토리 역대 기록高取歷代記錄」이 전해져 내려왔기 때문이다. 이는 1820년 다카토리 가문 6대인 다카토리 세이에몬高取靑右衛門이 작성한 것으로 1979년 단행본으로도 출간되었다. 이 기록을 바탕으로 12대 팔산은 틈만 나면 한국에 와서 초대 팔산 부부가 잡혀온 길을 추적했고, 마침내 부부가 끌려온 두 길 모두 팔산리로 이어진다는 사실을 밝혀냈다.

그런데 팔산의 도자기, 특히 찻사발이 일본 최고의 다인茶人이자 뛰어난 정원 설계사로 꼽히는 고보리 엔슈小堀遠州, 1579~1647의 마음에 쏙 들었다. 고보

고산갤러리에 전시되어 있는 이규탁의 도자기들

리 엔슈의 다도는 '키레이사비綺麗さび'라 불리는데 화려함 속에서 약간의 청한淸閑과 청초淸楚를 섞은 '멋부림'을 강조했다.

이러한 고보리 엔슈 다도와 다카토리 가마의 찻사발이 만나 탄생한 것이 바로 '엔슈-다카토리'다. 즉 고보리 엔슈의 취향으로 만든 다카토리 찻사발이다. 엔슈가 기품 있고 단정한 형상과 유약의 절묘한 섬세함이 사람들의 마음을 사로잡아 매료시키는 다카토리 도자기를 자신의 파트너로 정한 것이다. 이리하여 다카토리 가마는 전국적인 명성을 얻어 당시 일본 천하 7대 가마의 하나로 손꼽히게 된다.

그러나 이렇게 잘 나가던 다카토리 가마에도 불운이 찾아온다. 메이지 유신으로 폐번치현 정책에 따라 1871년 274명의 다이묘大名들이 자신의 영지를 국가에 반환하는 일이 벌어진 것이다. 이에 따라 다이묘들이 운영하고 있던 전국의 관요어용가마도 폐쇄해야 하는 운명에 처해졌다.

그리하여 다카토리 가마도 쇠락의 길을 걷게 되었는데, 이 가마의 중흥을 일궈낸 사람은 아들이 아니라 딸인 11대 팔산 다카토리 세이잔高取靜山, 1907~1983이었다.

10대 팔산은 딸만 둘을 두었는데 동생은 가마에 대해서 관심이 없었고 아무리 둘러보아도 대를 계승할 사람은 큰딸 세이잔뿐이었다. 일본식으로 사위를 양자로 맞이하여 대를 잇는 방법도 있었지만 큰딸 세이잔의 남편은 도업엔 관심이 없었으므로, 그녀는 가업 계승을 위해 남편과 이혼하고 아들과 함께 다카토리 가마 중흥에 혼신의 노력을 기울이게 된다. 그녀 나이 48세가 되던 1957년의 일이었다.

세이잔은 선대의 한을 풀기 위해 친정 뒷산에 가마를 열었다. 다행히 당시 25세였던 아들 미치오道雄가 도자기에 남다른 관심을 가지고 어머니의 외로운 일을 도와주었다. 선대 문서를 정리하다가 그들 모자는 중요한 기록을 하나 찾아냈다. 바로 대대로 물려오던 비전서秘傳書였다. 다카토리야키의 전통 기법이 모두 그 비전서 안에 적혀 있었다. 그야말로 천지신명의 도우심이었다. 세이잔과 미치오는 비전서를 토대로 한 개 한 개 정성을 들여 작품을 완성해나갔다. 꼬박 2년의 세월이 지나자 이만하면 다시 선대의 명성을 찾을 수 있다는 자신감이 생겼다.

1959년 다카토리 모자는 9대와 10대의 한이 서린 초목에 마침내 '다카토리 가마 종가高取窯宗家'라고 쓴 현판을 걸면서 끌어안고 울었다. 그녀 나이 51세였다. 1961년에는 도쿄 미쓰코시三越 백화점 본점에서 제1회 개인전도 열었다.

다카토리 가마와 세이잔이 처음 한국에 알려지기 시작한 것은 1967년의 일이다. 나중 문공부 장관을 지낸 이원홍李元洪이 한국일보 도쿄특파원으로 재직하던 시절 초대 팔산의 조선식 봉분과 세이잔 여사에 이르기까지의 다카토리 가문의 사연을 기사화했다.

이 기사가 나가고 세이잔은 수백 통이 넘는 재일교포 편지를 받았는데, 편지 내용들은 한결같이 '일본에 살고 있는 한국인들은 갖은 어려움 속에서 자신들이 한국인이라는 사실조차 떳떳이 밝히지 못하고 살아간다. 그럼에도 자신이 한국인의 후손임을 당당하게 밝히고, 또한 선조들의 뜻을 기리고 받드는 데 최선을 다하여 오늘의 팔산가를 이룩한 여사를 자랑스럽게 생각한다'는 사연들이었다고 한다.

이 일이 계기가 되어 세이잔은 언젠가 조국 땅에서 자신의 작품 전시회를 열겠다는 열망을 품게 된다. 이는 초대 팔산이 평생을 지니고 살았던 망향의 한을 풀어드리기 위해 그 영혼만이라도 고국으로 돌려보내고, 일본에 모조리 뺏겨 맥이 끊긴 한국의 기술을 이제라도 다시 한국으로 돌려보내야 한다는 집념으로 이어졌다.

마침내 1973년 서울 신세계백화점에서 세이잔 작품전이 열리게 되었다. 세이잔은 주최 측에서 보낸 비행기를 마다하고 일부러 부산행 배를 탔다. 초대 팔산이 붙잡혀온 길을 따라 되돌아감으로써 그 영혼을 고국으로 돌려보내고 싶었기 때문이다. 그 배에는 초대 팔산을 비롯한 선조들의 작품도 함께 실렸다. 초대 팔산에게는 375년 만의 귀국이었다.

세이잔의 작품전은 대단한 반응을 일으켰다. 그때 세이잔 여사는 기자들 앞에서 이런 얘기를 했다.

> "일본이 약탈해간 한국 도자기 기술은 우리 다카토리야키를 비롯해서 일본의 도자기 예술을 크게 발달시켰다. 그 반면에 뛰어난 사기장들을 모조리 빼앗겨버린 조선은 도예의 맥이 끊어지고 내리막길을 걷게 되었다. 일본이 한국에서 뺏어온 것은 모두 돌려보내야 된다는 게 내 신념이다. 나는 한국의 젊은이를 제자로 받아들여 다카토리야키의 비법만이라도 본래의 자리로 되돌리고 싶다."

이런 사실이 언론에 보도되자 제자가 되겠다고 자원하는 젊은이가 무려 2,500여 명이나 되었다. 세이잔 여사는 그중에서 두 명을 선발했다. 당시 고등학생이었던 이규탁李圭卓과 최홍석崔弘奭이었다. 이들이 도예 명장이 되어 선조들의 한을 풀겠다는 결심으로 일본에 간 것은 1978년 6월 14일의 일이었다.

그 이규탁이 바로 지금의 2017년 이천시 명장으로 선정된 이규탁이다.

1대 고산 이규탁

"그때 경쟁이 매우 치열했다. 필기와 그림 그리고 면접 모두 세 번의 시험을 치렀다. 나는 어려서부터 그림 그리는 것을 좋아해 사생대회미술대회에 자주 나갔고, 집에서 초를 녹여 조각을 하기도 했다. 대학에 진학해 산업디자인을 전공하겠다는 꿈이 있었지만 어려운 가정형편 때문에 엄두를 못 내고 있었는데, 무슨 운명의 장난인지 마침 세이잔 할머니 이야기가 실린 기사를 보고 결심을 하게 됐다. 당연히 부모님이 반대했지만, 내 뜻을 꺾지는 못했다. 물론 해외에 나갈 수 있다는 설렘도 있었지만 도자기를 만든 적이 없었기 때문에 두려움도 있었다."

다카토리 가마가 있는 고이시하라小石原 마을은 도예촌이 형성된 곳이 으레 그렇듯 첩첩산중의 시골이다. 후쿠오카에서 자동차로 2시간 남짓이면 갈 수 있지만 지금도 마땅한 대중교통이 없는 곳이다. 그런 두메 낯선 곳에서 이규탁의 도예 공부가 시작됐다. 막막하기로 말하자면 일본에 끌려왔던 초대 팔산의 처음 심정과 똑같았을 것이다. 이규탁의 기억에 의하면 당시 세이잔 여사는 귀여워해주었지만 다른 사람들에게 한국에서 왔다는 이유만으로 무시를 당한 적도 많았다고 한다. 그럴 때면 산에 올라가 돌멩이를 던지며 화를 풀었다고 한다. 이규탁은 일본에서도 세이잔을 선생님이 아니라 할머니라 불렀다.

> "아침 6시에 일어나 집 앞에 있는 중학교에 가서 운동을 하는 것으로 하루 일과가 시작됐다. 운동을 하고 돌아오면 한 시간 정도 참선을 꼭 해야 했다. 그러고는 일본어 공부를 했다. 틈틈이 흙 수비도 하고, 발물레 차는 법을 배웠다. 처음 이 년 동안에는 명절을 제외하고는 휴일도 없었다. 이 년이 지나니까 명절과 매달 15일이 휴일로 주어졌다. 그만큼 강훈련이었다. 만약 한국에서 그런 과정을 거쳤다면 뛰쳐나왔을지도 모른다. 하지만 먼 타국이기에 그럴 수도 없었다."

세이잔의 지도는 매우 엄격했다. 이규탁은 흙 다루기, 빻기, 채 치기, 섞기 등의 순서로 기술을 익혀갔다. 다음 순서인 흙 반죽에서 단 한 점의 공기가 남아 있는 것도 허용하지 않는 세이잔의 교육에 허리가 부러지고 팔다리가 떨어져 나가는 듯한 고생을 했다고 한다. 10년을 배워야 그런 대로 사기장 소리를 듣는다고 했지만 집중적인 훈련 덕택으로 그는 일 년 만에 물레에 앉아 술잔, 접시, 호리병 등 작은 물건들을 만들 수 있었다.

드디어 3년째 되던 1981년 세이잔은 제자의 작품을 포함한 개인 전시회를 후쿠오카와 미국 뉴욕에서 열었다. 세이잔은 제자를 데리고 뉴욕까지 갔다. 전시장에 손님들이 찾아올 때마다 제자가 만든 작품을 보여주면서 자랑

하곤 했다. 그러면서 "이 작품의 선線에 우리 조상들의 얼이 스며 있습니다. 그들의 핏속에 그것이 흐르고 있는 것을 보고 정말 감격했습니다"라면서 눈물을 흘렸다고 한다.

그러나 이규탁은 사기장 수업을 계속 할 수 없었다. 징집영장이 나온 것이었다. 3년 5년이 아니라 20년 30년이 걸리더라도 명사기장이 되기 전엔 돌아오지 않겠다고 결심했던 본인은 물론이고, 낙심한 세이잔은 옆에서 보기에도 딱할 정도였다고 한다. 당시 그의 나이 72세, 자신이 죽기 전 제자에게 그 비법을 다 전수해줄 수 있을까 하는 초조감 때문에 더욱 그랬다. 여러 곳에 진정을 하고 탄원서를 제출하여 1차 연기는 되었지만 병역면제 특례는 주어지지 않아, 결국 이규탁은 5년 만에 귀국할 수밖에 없었다. 그가 귀국하는 날 후쿠오카 공항에는 사쓰마에서 400년 명맥을 이어온 심수관沈壽官 가문의 14대도 자리를 같이했다.

이후 세이잔은 제자가 군에서 제대를 하면 가마를 차려주기 위해서 경북 경주당시 경북 월성군 견곡면 금장3리, 속칭 가산골에 터를 마련하고 기념관과 함께 '팔산 기념비'를 건립했다. 1983년 6월 5일이었다. 전면의 비문碑文은 그녀가 직접 짓고 썼다.

'우리 시조 팔산, 여기에 되살아나다. 불은 바다를 건너……'

세이잔은 그날 380년 만에 비로소 초대 팔산 할아버지와 할머니께서 고국으로 귀향했다고 믿었다고 한다. 안타깝게도 세이잔은 팔산의 넋을 이어줄 제자가 군 복무 중에 뇌출혈로 타계했다. 그곳에 세워졌던 '팔산 기념비'는 현재 이천 이규탁의 가마 옆으로 옮겨져 있다.

세이잔은 아들인 12대 팔산 미치오에게 다음과 같은 말을 늘 강조했다고 한다.

"내 자신이 도예가가 되려는 게 아니다. 초대 할아버지가 뿌린 씨앗을 다시 가꾸는 '묘 밭'이 되려는 거다. 그 할아버지를 능가하는 훌륭한 도예가가 되는 것은 너와 네 후손들의 문제다."

세이잔은 마침내 한국에서도 그 '묘 밭'을 훌륭하게 일궜다. 그녀의 가르침과 남겨준 땅이 있었기에 오늘날 이천의 고산요가 생기게 된 것이니 말이다. 이규탁이 귀국해서 독립하기까지는 10여 년의 세월이 필요했다. 그동안 이곳저곳의 요장과 가마터를 다니며 한국의 도예 기술과 '물정'을 익혔다.

"1990년대 초에는 분청사기에 주력했다. 주변에서 팔리는 거 만들지 왜 그런 거 만드냐고 만류했지만 분청사기가 참 좋았다. 1995년에 이천도자기축제 때 처음 나갔는데 인기가 매우 좋았고, 호평을 받았다."

그는 왜 분청사기를 좋아할까?

"내가 생각하는 분청사기의 소박함은 투박하고 거친 것이 아니라 들꽃처럼 예쁘고 어린아이처럼 해맑고 정제된 것이다. 그런 걸 나타내고 싶은 마음을 분청사기로 표현한다. 나를 드러내는 가장 좋은 작품이 청자나 백자보다는 분청사기라고 생각했던 점도 이런 부분이다. 그 소박함을 작품에 담고 싶었다."

고산 이규탁 '분청사기상감어문매병'

• 　고산 이규탁 '회령유항아리'

•• 　고산 이규탁 '정조이라보다완(釘彫伊羅保茶碗)'

분청사기에 대한 그의 애정은 여전하지만 몇 해 전부터는 회령유 도자기를 알리는 데도 주력하고 있다. 회령도기는 함경북도 회령에서 주로 만들었다고 해서 붙여진 이름이다. 하지만 임진왜란 이전부터 황해 상에 출몰하던 왜구 해적들에 의해 끌려간 회령이나 서해안 일원 사기장에 의해 해적 본거지였던 규슈 가라쓰唐津의 대표적인 도자기가 된 것으로 알려져 있다. 북한에선 오지그릇 또는 오지도자기로 부르기도 하나 이규탁의 회령자기는 회령에서 만든 것이 아니기 때문에 유약釉藥의 유자를 넣어 회령유 도자기, 볏짚재유탁유라고 부른다. 근래 들어 회령유 도자기도 우리 전통 도자의 한 분야가 되어 많은 사기장들이 만들고 있다.

　　"회령자기는 조선시대 때 일본으로 넘어간 건데, 오히려 우리나라 사람들은 이걸 일본 것이라고 생각한다. 회령자기는 분명 우리의 전통 도자기다. 가라쓰의 회령자기는 일종의 민요民窯에서 만들어진 것이라 거칠고 투박하지만 다카토리의 회령자기는 어용자기였기 때문에 매우 정제돼 있고 세련된 점이 다르다. 나는 당연히 세이잔 할머니로부터 회령자기의 여러 비법을 배웠기 때문에, 이걸 알려야겠다는 사명감으로 만들고 있다. 다행히 회령유 차도구가 인기를 끌고 유행까지 할 정도가 돼서 요즘은 이를 만드는 사기장들도 꽤 있다."

　　이규탁은 2017년 이천시 명장으로 선정됐다. 그렇게 되기까지 얼마나 많은 고난이 있었을까. 고산요에 가면 그가 도자기를 빚으면서 쏟아부었던 혼의 흔적을 만날 수 있다. 지금은 한국전통문화대학교를 비롯해 여러 대학교에서 후학을 양성하며 팔산의 맥을 지키는 명장이 되었다. 다카토리 세이잔이 그를 일본으로 데려가 가르치면서 조선의 것을 조선으로 되돌려 보내려 했던 그 결의가 참된 결실로 맺어졌다. 그리고 1대 고산뿐만 아니라 2대 고산의 활동도 기대해보는 바다.

해주 엄기환

해주海舟 엄기환儼基煥, 1946~의 가문은 이천에서 6백여 년을 살아 내려온 토박이 중의 토박이라고 할 수 있다. 위에서 등장했던 고승술 아들 고남식, 이현승 아들 이부영과 초등학교를 같이 다녔다. 그러므로 엄기환 역시 어려서부터 칠기와 옹기는 매우 익숙한 존재였고, 칠기공장이 그들의 놀이터이자 아르바이트 작업장이기도 했다.

　뭐라도 해야 겨우 먹고사는 시절이었으므로 중학교를 들어가지 못하고 그의 선친이 도자기 기술을 배우라고 하기에 아무것도 몰랐던 14살 소년은 수금도요에 입문하게 되면서 본격적인 도자기 인생을 시작하고, 1972년에

해주도자박물관 관장 엄기환

는 해강 유근형의 공장으로 옮겨간다. 이후 해강의 지고한 연구 정신을 전신으로 받아들이며 도예의 길을 걸었다. 그리고 1985년 드디어 자신의 이름을 내건 '해주도예연구소'를 설립했다.

그런데 소년 엄기환의 특장점은 어려서부터 사기장들이 작업한 제품을 수집한 사실이다. 도자기 귀한 줄 모르고 자식들도 아버지 작품들을 제대로 관리하지 않던 시절, 그는 여기저기 일을 다니면서 제품을 얻어다 모았다.

"처음에는 단순히 예쁘고 아름다워서 모으기 시작했는데 어느 날 새
집으로 이사 가는 사람이 도자기가 새집에 어울리지 않는다는 이유로
모두 깨버리는 것을 발견하고 이러다가 이천 도자기가 모두 사라지겠

다는 염려가 돼 본격적으로 수집에 나섰다. 깨어지고 버려지는 도자기 중에는 우리가 미처 알지 못하는 보물급이나 국보급 도자기가 있을 수 있는데도 당시에는 이러한 일들이 비일비재했다."

그렇게 모았더니 1960년 군대 갈 때에는 약 300여 점에 이를 정도로 꽤 많은 양이 되었다. 그런데 군대를 가면 그 수집품이 모두 없어질 것이 뻔했다. 그래서 그는 군대 가는 친구 5명을 불러다 땅을 파고, 그동안의 소장품을 모두 묻고 그 위에 나무를 올려놓아 위장을 했다. 그는 군 시절 월남에도 갔다 왔는데, 무사히 제대를 한 후 땅을 파서 그것들을 무사히 구해냈다. 그렇게 초등학교 때 시작한 컬렉션이 지금까지 60년이다.

지금 그의 소장품은 약 1,700여 점에 이르는 방대한 것인데, 이중 상당 수가 이천 도자기 역사를 대변하는 귀중품이다. 전시회 때 사거나 선후배와 친구들이 주기도 하고, 자신의 작품과 맞바꾸기도 하면서 지금까지 단 한 점도 남에게 주거나 팔지 않았다고 한다. 지금은 자료가 거의 남아 있지 않는 50~60년대 옹기와 칠기 작품도 200여 점에 달한다. 그러므로 그는 단순히 도자기가 아닌 이천의 역사를 소장한 셈이다.

"다른 사람들은 왜 그걸 보존을 안 했을까. 아마도 내 도자기 이외 다른 사람 것은 인정을 잘하지 않는 마음이 앞서서 그러지 않았을까 싶다. 다른 사람의 도자기를 모은다는 것은 자존심이 허락하지 않았나 보다. 그러나 나는 어려서부터 누구 도자기라도 가리지 않는 마음이었다. 이천의 도자기 역사를 말하면서 '그런 게 있었다더라'가 아니라 '여기 있다', 이게 중요하다. 그동안은 이런 인식에 대한 철학이 부족했다."

전통 사기장들의 모습은 복장이 현대의 그것이 아니라서 튀기도 하지만 엄기환만큼 확연히 눈에 띄는 모습도 드물다. 어깨 아래로 내려오는 희끗희끗한 긴 머리와 덥수룩한 수염 그리고 한복을 정갈하게 차려입은 그의 모습은 꼭 구름을 유유히 몰고 다니는 도사 같다. 그런데 이런 복장을 고집하는 이유가 있다.

400여 년 전 남원에서 일본 가고시마로 끌려간 심당길의 후손 14대 심수관이 일본으로 끌려간 우리 선조들의 넋을 위로하기 위해 '한일 도자기 교류전' 행사를 개최했다. 그때 엄기환도 그 행사에 참여하게 됐는데, 당시 선조들이 일본으로 끌려갔을 때의 모습을 그대로 재현하기 위해 머리를 풀어헤치고 한복을 입은 모습으로 건너갔다. 그렇게 도착한 가고시마의 미야마美山에는 400년 전 우리 선조들이 작업한 흔적들과 자료들이 고스란히 남아 있

해주도자박물관 2층에 소장하고 있는 이천 도예가들의 도자기들

- 해주도자박물관 전시실
- 이천시 신둔면 도자예술로 6번길에 있는 해주도자박물관. 달항아리의 모습이 이상적이다.

었다. 엄기환은 그 현장의 모습들을 고스란히 두 눈에 담으면서, 한국인 사기장으로서 절대 굽히지 않을 자부심까지 가슴속에 깊이 아로새겼다. 가슴속에 뜨거운 뭔가가 꿈틀거리기 시작한 것이다. 그래서 그때 기르기 시작한 머리와 수염을 지금까지 긴 시간 동안 자르지 않고 지키고 있다.

엄기환은 2019년 이천 도자기의 발자취가 묻어 있는 해주도자박물관을 개관했다. 그곳에선 아정 김완배, 해강 유근형, 광호 조소수, 도암 지순탁, 수려도요 이현승, 남곡 고승술, 청담 한창문, 도선 고영재, 수광 이정하, 좌봉 김응한, 청봉 이준희, 혁산 방철주, 토정 홍재표 등의 작품을 상설 전시하고 있으며 엄기환 관장의 설명도 들을 수 있다.

엄기환은 선조 사기장의 만들어놓은 1,700여 점의 작품을 보관하고 관리하면서 이천 도예가의 힘으로 사기장의 비가 세워질 수 있도록 최선을 다할 계획이다. 더불어 그의 아들 엄준호가 2대 해주를 준비하고 있다. 백자와 분청을 주로 만들지만 발상과 색이 참신하다. 해주도자박물관을 이을 2대 해주의 활발한 활동을 기대한다.

한얼 이호영

앞에서 자주 나왔던 수광 1리 칠기공장의 아들 한얼 이호영李鎬榮, 1960~은 현재 전통 기법에서 탈피한 분청 평면도자기도판, 陶板의 새로운 장르를 개척하고 있다.

그의 평면도자기는 질흙을 세로 220cm, 가로 80cm, 두께 0.7~2cm로 만든 작품으로, 건축이나 공원의 조형물 및 대형 벽화, 고품격 인테리어, 식탁 및 소파 테이블, 좌탁 등의 다양한 소재로 활용된다. 중국과 일본, 유럽에서는 일찍부터 평면도자기와 벽화타일 문화가 발달했으나 우리나라에서는 가격과 기술 문제로 아직 꽃을 피우지 못한 분야다.

그러나 이호영은 자신의 평면도자기는 중국이나 일본의 것과는 다르다고 강조한다.

> "중국과 일본의 도판은 자기가 아닌 도기로서의 도판이다. 그렇지만 나는 흙을 완전히 익힌 자기 도판을 만든다. 나는 어떤 흙이든 자기 형태의 도판으로 구울 수 있다. 지난 25년 동안 이 작업에 매달린 결실이다."

이호영은 2018 평창 동계올림픽 초청작가로 선정되어 올림픽 기간 동안 전시회를 열었다. 당시 진부역 전시장에서 평면도자기 4점, 별밤도자기 20여 점, 막사발 20여 점을 선보였다. '별밤도자기'란 그가 개발한 새로운 유약으로 만든 도자기로, 밤하늘의 우주 같은 결과를 만들어내기 때문에 그렇게 부른다고 한다.

그가 최근 작업한 대형 평면도자기의 걸작은 경남 남해 이순신 장군 순국공원에 있다. 이 공원은 8년의 공사 끝에 이순신 장군 탄신일을 맞아 2017년 4월 제1회 호국제전 개최와 함께 문을 열었다. 순국공원은 8만 9,468㎡의 부지에 280억 원을 투입해 조성했다.

이 공원의 백미는 이순신 장군이 노량해전에 출정해서 순국한 내용이 펼쳐진 초대형 도자기 벽화로, 바로 이호영이 작업한 것이다. 평면도자기에 그려진 그림은 한국화 작가 김범석, 김호민, 배형민, 이동환과 민중미술작가 조정태가 협업했다.

이 평면도자기 벽화는 출정, 승리 기원, 전투, 순국 그리고 오늘의 모습을 담고 있는 5개의 장면으로 나뉘어져 있다. 높이 5m, 길이 220m의 대형 벽화는 가로와 세로 50cm×50cm의 평면도자기 3,800여 장을 붙여서 만든 것이다. 또한 5m 높이에 각기 100m, 50m, 34m, 16m 길이의 네 부분으로 이뤄진 부분 작업을 위해 90여 차례나 가마에 불을 땠고, 8,000여 장의 평면도자기를 구워야 했다.

평면도자기 한 장을 만들어내기 위해선 1차 소성 후 그림을 그려서 2차 소성을 해야 하는데 22시간씩 두 번을 때야 한다. 외부에 설치하고 시간이 지나도 터져서 보수를 해야 하는 부분이 없어야 하는 만큼, 이호영의 오랜 노력이 빛을 발한 걸작이다.

4
이천 도자기가
나아갈 길

이천도자기축제와 2001년 세계도자기엑스포
그리고 '예스파크'

이천도자기축제는 이천시의 대표적인 문화 상품인 도자기를 도예촌과 이천 온천 등의 관광지 및 쌀과 복숭아 같은 특산물과 연계한 문화관광 상품으로 개발하기 위한 목적에서 탄생했다. 전국적으로 500여 지역 축제 중에서도 가장 성공적인 문화관광 축제의 하나로 높은 평가를 받고 있다.

그러나 출발은 순조롭지 못했고, 8년간의 시련기를 힘들게 넘겨야 했다. 이천문화원이 1987년부터 열기 시작한 설봉문화제 속의 하나로 출발한 이천도자기축제는 1994년 여덟 번째 행사를 치르기까지는 작고 초라한 규모의 답보 상태를 면치 못했다. 우선 예산 지원이 전혀 이루어지지 않아서 매년 행사 준비에 어려움이 따랐고, 주인 역할을 해야 할 도예인들의 호응 또한 냉담하기만 했다.

제1회 도자기축제는 1987년 9월 28일부터 10월 9일까지 12일간 설봉호

텔 회의실에서 옥내 행사로 처음 열렸고, 25개 요장 참가에 총 판매액은 2천만 원 정도였다. 1988년 제2회 도자기축제는 대망의 서울 올림픽 개최와 더불어 당시 교통부 관광당국의 권유에 따라 9월 13일부터 10월 2일까지 22일간 열렸다. 사음리 도예촌전시관에서 진행된 이 해의 행사는 기대를 걸었던 외국인 관광객 유치가 실효를 거두지 못한 채 5만 명 방문객 동원에 판매액도 저조했다.

그러던 중 이천문화원에서 1995년 당시 문화체육부 관광국에게 도자기축제의 전망을 적극 주장하여 호의적인 반응을 얻게 되면서, 마침내 이천도자기축제가 이 해의 문체부 시범 행사로 지정되어 새로운 전기를 맞게 되었다.

시범 행사로 치러진 제9회 이천도자기축제는 정부와 지방자치단체로부터 예산 지원을, 한국관광공사로부터 해외 홍보와 이벤트 행사 지원을 받게 되었다. 행사 규모가 몰라보게 커지고 전문회사들의 참여로 행사장 시설과 행사 내용이 크게 보강되었다. 홍보 활동도 강화되어 서울 시내 중심가에서 사전 홍보 캠페인을 실시하고 TV 자막 광고와 프로그램 유치 활동도 전개했다. 그 결과 9회 축제는 아무런 지원을 받지 못하고 이천문화원 단독으로 치러온 과거에 비해, 방문객 동원이나 판매 수입을 비롯한 모든 분야에서 10배가 넘는 괄목할 만한 성과로 나타났다.

한국관광공사는 이와 같은 이천도자기축제의 비약적인 성과에 힘입어 이듬해인 1996년부터 가능성 있는 지역 축제를 문화관광 축제로 집중 육성하는 방침을 세우고 도자기축제를 포함한 8대 지역 축제를 선정하고 발표했다. 이 해부터 각 지방이 다투어서 지역 축제 개발과 활성화에 관심을 보이기 시작했으니, 이천도자기축제가 지역 축제 활성화에 불을 지핀 셈이다.

1996년 제10회 이천도자기축제는 지난해 축제의 뛰어난 성과에 고무된 이천시가 비로소 적극적인 육성 의지를 보이고, 때마침 경기도가 2001년 세계도자기축제 개최를 결정함에 따라, 한일도자심포지엄, 한일다도교류회, 국제 꽃꽂이발표회 같은 비중 있는 국제행사들이 처음 선을 보였다. 10년째를 맞은 이 해의 축제는 방문객 50만 명 돌파와 도자기 총 판매액 20억 원의 성과로 나타났다.

9회 시범 축제가 전환점이 되어 각 참가 요장들의 매출액이 급격하게 불어나게 되자, 그때까지 참가를 기피하던 요장들이 앞다투어 참가 경쟁을 벌이는 일이 벌어졌다. 8회까지 매년 20~25개에 불과했던 참여 요장 수가 1995년 54개, 1996년 116개로 대폭 늘어났고, 1999년에는 169개소로 불어났다. 행사 규모가 크게 확대되면서 설봉문화제와 자연스럽게 분리가 되었다.

1999년 제13회 이천도자기축제는 세계도자기엑스포 주행사장으로 설봉산이 확정되자 전년도까지 행사를 치르던 온천광장에서 설봉공원으로 장소를 변경했다. 참가 요장이 많다 보니 전체 규모가 두 배로 늘어나고, 100만 명 이상이 다녀간 것으로 공식 집계됐다. 2018년 제32회 축제부터는 신둔면에 새롭게 조성된 이천 도자기예술촌인 '예스파크藝's Park'로 행사장이 옮겨졌다.

이처럼 이천도자기축제는 이후 비약적으로 발전하여 우리나라의 대표 축제로 여러 차례 선정되었다. 이천도자기축제는 단순히 지역 특산물을 소개하는 차원에 머물지 않고, 도자 문화라는 특별한 주제로 관객들의 마음을 사로잡았다. 도예인들은 작업실에서 나와 사람들과 직접 대면하면서 작품에 대한 그들의 반응을 직접 접하게 되고, 새로운 방향성을 설정할 수 있게 되었다.

1987년 제1회 도자기축제포스터(좌)와 2018년 이천도자기축제 포스터(우)

2001년 세계도자기엑스포는 우리나라 도예계의 일대 사건이었다. 전 세계 84개국 도예가들이 참여했으며, 8월 10일부터 10월 28일까지 80일간의 개최 기간 동안 600만 명의 관람객 방문이라는 경이적인 기록을 세웠다.

세계도자기엑스포의 의의는 이 행사를 계기로 선포했던 '도자선언문'에 잘 표현돼 있다.

산업기술은 인류에게 많은 것을 주고 또 많은 것을 빼앗아갔다. 하지만 흙과 인간의 손으로 빚는 도자의 기술은 옛날부터 오늘에 이르기까지 오직 편하고 아름다운 삶을 창조해내는 데 기여해왔다. 그러므로

지금 우리는 지난 도자 문화를 되돌아보고 새천년의 기술 문명이 나아
갈 지평을 밝히고자 '흙으로 빚는 미래'를 주제로 '세계도자기엑스포
2001경기도'를 개최한다.

이 행사의 지향점은 인류가 빚어낸 도자 문화의 과거와 현재, 미래를 조
명하고 도자기를 통한 창조적 교류의 장을 만들어내는 것이었다. 이를 통해
이천 도자기를 세계에 알렸고, 이천 도자기를 전 국민이 인식하게 해줌으로
써 이천을 명실상부한 한국 대표 도자 도시로 각인시켰다. 1조 2천억 원이라
는 생산 유발 효과를 창출함은 물론 도예류 매출액도 약 780억 원으로 추
정되었다. 이를 통해 많은 도예인들이 특수를 크게 누린 것은 물론이다.

엑스포 행사의 성공은 이천 도예계에 여러 가지 영향을 주었다. 전승 도
자 위주의 요장 구성에서 생활도자의 비중이 높아졌고, 대학에서 전문 기술
을 습득한 젊은 도예가들의 유입이 지속적으로 증가하기 시작했다. 그들은
공방 위주의 생활자기를 생산했고, 전통과 현대가 결합된 방식의 다양한 기
법으로 작업하면서 예술과 생활이 접목된 실용 도자기를 제작했다. 이로 인
해 아주 미미했던 생활도자 시장이 급속도로 성장하기 시작했다.

그러나 세계도자기엑스포는 1회로 마감되는 행사여서 여러모로 아쉬
움이 많이 남았다. 그래서 경기도는 이천시를 중심으로 이 행사의 의미와 성
과를 이어가기 위해 2년마다 개최되는 세계도자기비엔날레 행사를 계획하
게 된다. 엑스포 행사 속에 제1회 경기세계도자비엔날레 행사를 병행함으
로써 엑스포 이후에도 지속적으로 국제행사가 개최되게 된 것이다. 현재 경
기세계도자비엔날레는 2년마다 이천도자기축제와 함께 치러짐으로써 매
우 효율적인 시너지를 만들어내고 있다.

예스파크와 사기막골도예촌은 이천 도자기를 대표하는 마을이다. 도예촌 전체에 크고 작은 도자기갤러리들이 있다.

이천시는 2005년 6월에 도자특구로 지정되었다. 그리하여 도자특구에 걸맞은 도자 관련 시설의 집약적 시스템을 구축할 필요성이 제기되었고, 이에 따른 다각도의 노력 끝에 도자산업 클러스터가 어느 정도 완성되고 있다.

이천시가 2010년 유네스코 창의 도시로 선정된 것도 매우 고무적인 일이다. 한국에서는 7개 지역이 선정됐는데, 이천은 민속공예-도자기 분야의 창의문화 도시로 대한민국에서 가장 먼저 선정되었다. 이천의 도자산업이 국

1988년 제2회 도자기축제 포스터(좌)와 1996년 제10회 이천도자기축제 포스터(우)

내를 넘어 이제 세계인이 찾는 명품으로 발돋움하고 있음을 잘 보여주는 사례다.

　이천 도자예술마을인 '예스파크'의 조성은 바로 이런 성과들이 집약된 결과물이다. '예스파크'라는 명칭은 전 국민을 대상으로 한 인터넷 공모에 의해 선정됐다. '최고의 예술인과 최고의 예술 작품이 가득한 마을'이라는 뜻이다. 이천시는 국비와 지방비 350억 원을 투입하여 기반공사를 추진했고, 12만 3천 평의 공간에 공방 221개를 유치했다. 국내 최대 규모로 아시아는 물론 세계 어디에 내놓아도 전혀 손색이 없는 '예스파크'를 통해 '흙으로 빚는 미래'를 새롭게 열어가고 있는 중이다.

대대적인 각성이
필요하다

지난 2013년 10월 미국도예박물관에서는 '이천-한국 전통도자의 부활'이란
주제로 특별전을 77일 동안 개최했다. 캘리포니아 주 포모나Pomona에 있는
이 박물관은 미 서부 유일의 도자전문 박물관으로 미국, 유럽 등지의 유명
도예가들이 연중 상설전시회를 개최하는 곳으로 유명하다.

　이 전시회에는 이천에서 활동하는 전통 도예가 20여 명이 제작한 청자,
백자, 분청 등 전통 도자기 180여 점이 전시되었는데, 이곳에서 한국 도자기
가 전시되는 것은 이때가 처음이었다. 또 전시회에서는 최인규장휘요, 이향구남

루브루박물관에서 이천의 장인 7명이 참여해 물레 돌리는 시연을 해보였다.

양요, 조세연보광요, 유용철녹원요, 김성태송월요 등 명장급 도예가 5명이 한국의 전통 도자기 제작 기술을 시연하는 워크숍을 진행했다.

이 전시회는 이천이 한국 도자의 중심지임을 세계에 알리는 동시에 전통 도자 문화를 미국인들에게 소개했다는 의미를 지닌다. 아울러 미국에서 이천 도자기를 연중 상설 판매할 수 있게 한 도자 마케팅으로, 미국의 판로 확보라는 커다란 성과를 거두기도 했다.

이 같은 성취 때문일까. 일 년 후인 2014년 10월에는 한국 전통 도자기의 제작 기법과 문화를 담아 할리우드에서 제작한 다큐멘터리가 '선댄스 영화제'에 출품돼 화제를 모았다. 「천년의 여정A Thousand Year Journey」이라는 제목의 이 다큐는 한국의 전통 도자 비법을 간직한 다섯 명의 이천 사기장들이 천년을 이어온 문화의 진수를 미국인들에게 전하는 내용을 담고 있다.

선댄스영화제는 크게 미국 영화와 월드시네마 부문으로 나뉜다. 「천년의 여정」은 미美 국영 다큐멘터리 경쟁 부문에서 한미 공동제작 형태로 출품됐으며, 미국에서 제작한 첫 번째 한국 소재 영화로 기록됐다.

할리우드의 마이클 오블로비츠Michael Oblowitz가 프로듀싱과 감독을 맡은 이 영화는 「인디펜던스 데이」를 비롯해 많은 블록버스터 영화의 사운드를 담당했던 조나단 밀러Jonathan Miller가 음악을, 「포레스트 검프」와 「유주얼 서스펙트」 등을 찍은 크리스 스콰이어스Chris Squires가 촬영을 맡아 더욱 화제가 되었다.

이 다큐는 원시 예술의 형태가 거대한 기술적 자이언트로 변형되는 과정을 담고 있다. 마이클 감독은 한국 도자 제품의 역사, 원시적 탄생 과정에서부터 한국의 최대 전자기업인 삼성과 LG가 생산하는 트랜지스터 보드, 마더보드, 마이크로 칩과 같은 최첨단의 정점을 찍는 IT 산업의 중심에 도자가 있음을 확인시킨다. 또한 최인규, 이향구, 조세연, 유용철, 김성태 다섯 명의 명장이 직접 시연을 통해 명품이 제작되는 과정을 보여주면서 대한민국 도자 전통이 경기도 이천시에서 어떻게 부활했는지 알리고 있다.

이 다큐를 처음부터 기획하고 제작한 에드워드 안Edward C. Ahn 미국문화재단CFA Cultural Foundation of America 대표는 "한국 전통 도자는 섬세하고 자연적 색상과 신비함을 갖추고 있으며 인간과 자연의 조화를 이루고 있다"면서 "비색의 고려자기부터 우아한 디자인의 조선백자까지 찬란한 유산을 대변하고 심오한 철학을 드러내고 있지만 안타깝게도 중국이나 일본 도자에 비해 미국 주류 사회에 거의 알려지지 않았는데, 이번 다큐를 통해 한국의 뛰어난 도자 문화가 미국과 전 세계에 알려지길 희망한다"고 제작 의도를 밝혔다.

가장 최근인 2018년 11월 파리 루브르박물관 지하 '카루젤 홀'에서 열린 제24회 '세계문화유산 공예장인 박람회'에는 이천의 장인 7명이 참여했다. 세계의 350여 무형문화재를 선보이는 행사장에서 관람객들이 가장 많이 모여든 곳은 바로 한국 도자기 제작 시연장이었다. 프랑스 영부인 브리지트 마크롱 여사도 박람회 개막식에 왔다가 감탄사를 자아내며 가장 오래 머문 곳이 한국 도자기 공예 시연 부스였다.

이러한 사례들은 이천 도자기가 나아갈 방향을 말해준다. 현재 요장 400개소가 넘어 외형상으로는 그럴듯한 이천 도예촌은 사실은 구조적으로 매우 취약한 기반 위에 놓여 있다. 몇몇 명장을 제외한 대다수 가마와 공방들이 영세성을 벗어나지 못한 상태이며, 규모가 큰 가마들도 계속된 불황으로 인해 연구 개발이나 창작 활동 같은 도예 문화의 질적 향상을 위한 노력을 기대하기 어렵다.

게다가 대다수 요식업은 여전히 값싼 플라스틱 그릇을 사용하고 있고,

자랑스러운 이천의 사기장들

그나마 사기그릇을 사용하는 가정집 식탁도 디자인에서 앞선 유럽과 일본 그릇을 선호하는 실정이다.

이 같은 국내 환경이 원천적으로 변하지 않으면, 해외 판매망을 뚫을 수밖에 없는 것이 냉엄한 현실이다. 물론 해외 마케팅은 국내 마케팅보다 훨씬 힘들기 때문에 이천시와 한국도자재단 등의 적극적인 해외 활동이 우선되어야 한다.

아울러 도예가 스스로도 '만들어놓고 수요를 기다리는' 과거의 방식에서 탈피해, 본인 스스로가 '장인 이전에 마케터'라는 각오를 다지고 해외 시장 개척을 위한 노력을 끊임없이 전개할 필요가 있다. 디지털 미디어에 의한

1인 홍보 수단이 너무나 편리한 지금은 SNS 활동만으로도 자신과 작품들을 얼마든지 세상에 알릴 수 있다.

또한 청자와 백자 위주의 작업에서도 다변화가 절대적으로 요구된다. 앞으로 가면 갈수록 젊은 세대는 청자와 백자에 대한 관심도가 떨어질 것이 분명하다. 젊은 세대에서 '우리 도자기는 맨날 청자와 백자밖에 없다'는 인식이 강해지면, 도자산업의 앞길은 더 험난해질 것이다. 청자와 백자만 하더라도, 과거 양식이 아닌 현대적 미학의 다양한 실험들이 이루어져야 한다.

물론 해외 마케팅보다 제일 좋은 방안은 내수시장의 수요가 폭발적으로 증가하는 것이다. 그런데 이를 위해서는 요식업주들과 주부들의 대대적인 각성과 인식 변화가 필요하다. 갈수록 심각해지는 플라스틱 문화의 폐해로 인해 물고기에서도 미세 플라스틱이 검출되는 요즘, 플라스틱으로 범벅된 먹거리를 먹지 않기 위해서라도 주방의 일대 혁신이 요구된다.

지금 당장은 조금 돈이 들어가더라도 식기를 플라스틱 대신 사기그릇으로 바꾸는 노력이 궁극적으로 침체된 우리 도자산업을 살리는 길이다. 이는 동시에 우리 도자 문화에 대한 우리 스스로의 자부심과 자긍심을 높이는 길이기도 하다.

도자기축제 역시 구경만 하는 곳이 아니라 식당이나 가정에서 실제 사용할 그릇을 사러 가는 축제가 되어야 한다. 도자기축제를 한다고 하면서 연예인이나 가수들을 동원하는 행사무대나 잔뜩 마련하는 일은 멀리 볼 때 도자산업 스스로를 옥죄고 망치는 것과도 같다. 마지막으로 다시 강조하지만 주방이 바뀌지 않으면 우리 도자기의 미래는 없다.

대한민국 명장 & 이천시 명장
Korea ceramic master & icheon ceramic master

세창도예 김세용
대한민국 명장(2002년)
2017년 문화예술발전유공자 선정

M.P. 청자, 투각
A. 경기도 이천시 신둔면 원적로 290번길 218

한도요 서광수
대한민국 명장(2003년)
2005년 경기도 무형문화재 선정

M.P. 백자 달항아리
A. 경기도 이천시 신둔면 원적로133번길 161

효천요 권태현
대한민국 명장(2005년)

M.P. 투각목걸이
A. 경기도 이천시 경충대로 2996번길 36-10

해강요 유광열
대한민국 명장(2006년) & 이천시 명장(2002년)

M.P. 청자
A. 경기도 이천시 신둔면 황무로 517번길 82

한천도예 김복한
대한민국 명장(2012년) & 이천시 명장(2003년)

M.P. 청자
A. 경기도 이천시 신둔면 경충대로 3159번길 12-27

장휘요 최인규
대한민국 명장(2017년) & 이천시 명장(2005년)

M.P. 청자
A. 경기도 이천시 신둔면 둔터로 69

수안요 장영안
대한민국 명장(2018년)

M.P. 청자, 투각
A. 경기도 이천시 경충대로 3052

송월요 김종호
이천시 명장(2003년)

M.P. 진사, 청자
A. 경기도 이천시 경충대로 2993번길 64

여천요 이연휴
이천시 명장(2004년)

M.P. 청자, 황자
A. 경기도 이천시 신둔면 원적로 369-39

남양도예 이향구
이천시 명장(2005년)

M.P. 투각, 백자
A. 경기도 이천시 신둔면 도자예술로6번길 111

명승도예 이승재
이천시 명장(2008년)

M.P. 청자
A. 경기도 이천시 신둔면 경충대로 3233번길 57-84

하송요 원승상
이천시 명장(2008년)

M.P. 서화, 백자
A. 경기도 이천시 신둔면 원적로 96-26

보광요 조세연
이천시 명장(2009년)

M.P. 청자
A. 경기도 이천시 신둔면 석동로 127

예송요 유기정
이천시 명장(2010년)

M.P. 청자, 분청
A. 경기도 이천시 신둔면 마소로 95번길 21

백산도요 권영배
이천시 명장(2012년)

M.P. 분청, 백자
A. 경기도 이천시 신둔면 석동로 79번길 65

도성청자도요 김영수
이천시 명장(2014년)

M.P. 청자
A. 경기도 이천시 신둔면 도자예술로 62번길 156

다정도요 김용섭
이천시 명장(2015년)

M.P. 청자
A. 경기도 이천시 신둔면 석동로 69번길 16

로원요 권태영
이천시 명장(2016년)

M.P. 청자
A. 경기도 이천시 신둔면 도자예술로 55

지강도요 김판기
이천시 명장(2016년)

M.P. 청자
A. 경기도 이천시 사음로 6

원정도예원 박래헌
이천시 명장(2016년)

M.P. 분청자기
A. 경기도 이천시 신둔면 황무로 251번길 43

녹원요 유용철
이천시 명장(2016년)

M.P. 분청자기(인화문)
A. 경기도 이천시 신둔면 원적로 512번길 317

고산요 이규탁
이천시 명장(2017년)

M.P. 차도구, 분청
A. 경기도 이천시 신둔면 석동로 100-14

참고자료

- 『고종실록』 고종 21년 9월 26일조
- 『광해군일기』 광해군 2년 5월 13일조
- 『광해군일기』 광해군 10년 4월 3일조
- 『숙종실록』 숙종 23년 윤 3월 6일조
- 『왕조실록을 통해 본 조선 도자사』, 방병선, 고려대학교출판부, 2005년
- 『부산요의 역사 연구(釜山窯の史的研究)』, 이즈미 초이치(泉澄一),
  오사카관서대학출판부, 1986년
- 『히젠 도자기 역사(肥前陶磁史考)』, 나카지마 히로이키, 청조사(靑潮社), 1985년
- 『화국지(和國志)』, 원중거, 소명출판, 2006년
- 『일한교류사이해촉진사업조사연구보고서』, 「한국출토 근세 일본자기」,
  이에다 준이치(家田淳一), 일한교류사이해촉진사업조사실행위원회, 2006년
- 『히젠 도자기 역사』, 나카지마 히로이키, 청조사 복간본, 1936년, pp194-195
- 「한국 전승도자의 현황 : 경기도 광주군·이천군을 중심으로」, 지정희,
  이화여대 석사논문, 1988년
- 「사라야마皿山」78호, 2008년 여름호
- 『고려도자서설』, 고야마 후지오(小山富士夫)
- 『한일 문화교류-그 새로운 역사의 장을 열며』, 「한일시대 한일 도자교류」,
  방병선, 부산박물관, 2008년, p 281
- 『일본어문학 제45집』, 「하사미 도자기와 조선도공」, 노성환, 2010년, p296
- 『하사미 도자기 역사(波佐見陶史)』, 바바 준(馬場淳), 하사미교육위원회
  (波佐見教育委員會), 1962년

- 「미술사논단」 29호, '18·19세기 일본 자기의 유입과 전개 양상', 최경화,
  한국미술연구소, 2009년 12월
- 「일제강점기 관립 중앙시험소의 도자정책 연구」, 엄승희, 미술사학연구
  (구 고고미술), 2010년
- 『진남포부사(鎭南浦府史)』, 마에다 리키(前田力) 편저, 남포부사발행소
  (鎭南浦府史發行所), 1926년
- 「여주도자기 시험」, 총독부 중앙시험소, 1932년
- 『조선총독부 중앙시험소 개요』, 조선총독부, 1937년
- 「매일신보」, 1933년 10월 28일자
- 『조선총독부중앙시험소보고서』15, 「조선산요업원료류조사개요」,
  야마자키 토오루(山崎亨), 조선총독부, 1934년
- 『조선자본론(朝鮮資本論)』, 자원연구사(資源研究社), 1928년
- 「서울신문」 2018년 8월 21일자
- 『이천시의 문화유적』, 1988년
- 『이천도예촌(利川陶藝村)』, 이인수, 이천문화원 향토문화조사보고서, 1994년
- 「이천시지」 5(사회와 문화), 2001년
- 『이조백자(李朝白磁)』, 「백자론(白磁論)」, 정양모, 중앙일보사 '한국의 미 2',
  1978년, 189쪽
- 『성종실록』 권 277, 성종 24년 5월 18일(신사)조
- 『이천대관(利川大觀)』, 이천대관편찬위원회, 1955년, 60쪽
- 「월드코리안뉴스」 2018년 10월 8일자 인터뷰
- 『고려청자(高麗靑磁)』, 유근형, 홍익재, 1987년
- 남곡 고승술 도예전 리플릿 약력 사항(1975년 4월)
- 「중앙일보」 1974년 2월 27일자
- 「조선일보」 2009년 10월 24일자
- 「세계일보」 2005년 3월 13일자
- 「동아일보」 2000년 11월 27일자
- 「경기신문」 2010년 11월 9일자

이천 도자
이야기

초판 1쇄 인쇄 2019년 12월 17일
초판 1쇄 발행 2019년 12월 30일

글 조용준
감수 이인수
사진 조용준, 이갑성

발행인 이웅현
발행처 퍼시픽 도도

전무 최명희
기획편집 홍진희
디자인 김진희
홍보 · 마케팅 이인택
제작 퍼시픽북스

출판등록 제 2014-000040호
주소 서울 중구 충무로 29 아시아미디어타워 503호
전자우편 dodo7788@hanmail.net
내용 및 판매문의 02-739-7656~9

ISBN 979-11-85330-64-8(03910)
정가 17,000 원

이 도서의 국립중앙도서관 출판예정도서목록(CIP)은 서지정보유통지원시스템 홈페이지(http://seoji.nl.go.kr)와
국가자료공동목록시스템(http://www.nl.go.kr/kolisnet)에서 이용하실 수 있습니다. (CIP제어번호 : CIP2019051175)